COLLECTION DES CLASSIQUES POPULAIRES

GUIZOT

LES CLASSIQUES POPULAIRES

Publiés sous la direction de M. Emile FAGUET

DE L'ACADÉMIE FRANÇAISE

Prix de chaque volume, broché 1 50

— — *cart. souple, tr. rouges,* 2 50

Chaque volume contient de nombreuses illustrations.

HOMÈRE, par A. Couat, recteur de l'Académie de Bordeaux, 1 vol.

HÉRODOTE, par F. Corréard, professeur agrégé d'histoire au lycée Charlemagne, 1 vol.

PLUTARQUE, par J. de Crozals, professeur d'histoire à la Faculté des Lettres de Grenoble, 1 vol.

DEMOSTHÈNE, par H. Ouvré, professeur à la Faculté des Lettres de Bordeaux, 1 vol.

CICÉRON, par M. Pellisson, agrégé des Lettres, docteur ès Lettres, 1 vol.

VIRGILE, par A. Collignon, Professeur à la Faculté des Lettres de Nancy, 1 vol.

DANTE, par Edouard Rod, 1 vol.

LE TASSE, par Emile Mellier, inspecteur d'Académie, 1 vol.

CERVANTÈS, par Lucien Biart, 1 vol.

SHAKESPEARE, par James Darmesteter, professeur au Collège de France, 1 vol.

GOETHE, par Firmery, professeur de littérature étrangère à la Faculté des Lettres de Lyon, 1 vol.

LA POÉSIE LYRIQUE EN FRANCE AU MOYEN AGE, par L. Clédat, doyen de la Faculté des Lettres de Lyon, 1 vol.

LE THÉATRE EN FRANCE AU MOYEN AGE, par Le Même, 1 vol.

LES CHRONIQUEURS, par A. Debidour, inspecteur général de l'Enseignement secondaire.
Première série : *Villehardouin ; — Joinville,* 1 vol.
Deuxième série : *Froissart ; — Commines,* 1 vol.

RABELAIS, par Emile Gebhart, professeur à la Sorbonne.

RONSARD, par G. Bizos, 1 vol.

MONLUC, par Ch. Normand, docteur ès Lettres, professeur agrégé d'histoire au lycée Condorcet, 1 vol.

MONTAIGNE, par Maxime Lanusse, docteur ès Lettres, professeur agrégé au Lycée Charlemagne.

CORNEILLE, par Emile Faguet, de l'Académie Française.

LA FONTAINE, par Le Même, 1 vol.

MOLIÈRE, par H. Durand, inspecteur général honoraire de l'Université, 1 vol.

RACINE, par Paul Monceaux, professeur de rhétorique, docteur ès Lettres, 1 vol.

BOILEAU, par P. Morillot, professeur à la Faculté des Lettres de Grenoble, 1 vol.

Mme DE SÉVIGNÉ, par R. Vallery-Radot, lauréat de l'Académie française, 1 vol.

BOSSUET, par G. Lanson, maître de conférences à la Sorbonne, docteur ès Lettres, 1 vol.

FÉNELON, par G. Bizos, recteur de l'Académie de Bordeaux, 1 vol.

LA BRUYÈRE, par Maurice Pellisson, 1 vol.

SAINT-SIMON, par .. de Crozals, professeur à la Faculté des Lettres de Grenoble, 1 vol.

RETZ, par Ch. Normand, docteur ès Lettres, 1 vol.

LA ROCHEFOUCAULD, par Félix Hémon, inspecteur d'Académie à Paris.

PASCAL, par Maurice Souriau, professeur à l'Université de Caen, 1 vol.

MONTESQUIEU, par Edgar Zevort, recteur de l'Académie de Caen, 1 vol.

LESAGE, par Léo Claretie, agrégé des Lettres, docteur ès Lettres.

VOLTAIRE, par Emile Faguet.

J.-J. ROUSSEAU, par L. Ducros, doyen de la Faculté des Lettres d'Aix, 1 vol.

BUFFON, par H. Lebasteur, professeur agrégé des Lettres au Lycée de Lyon, 1 vol.

FLORIAN, par Léo Claretie, professeur agrégé des Lettres, docteur ès Lettres, 1 vol.

ANDRÉ CHÉNIER, par Paul Morillot.

BERNARDIN DE SAINT-PIERRE, par de Lescure, 1 vol.

CHATEAUBRIAND, par A. Barboux, membre de l'Institut, 1 vol.

VICTOR HUGO, par Ernest Dupuy, inspecteur général de l'Enseignement secondaire, 1 vol.

LAMARTINE, par Edouard Rod, 1 vol.

BÉRANGER, par Ch. Causeret, agrégé de l'Université, docteur ès Lettres, inspecteur d'Académie.

AUGUSTIN THIERRY, par F. Valentin, agrégé de l'Université, professeur au Lycée Buffon.

MICHELET, par F. Corréard, professeur agrégé d'histoire au lycée Charlemagne, 1 vol.

THIERS, par Edgar Zevort, recteur de l'Académie de Caen, 1 vol.

GUIZOT, par J. de Crozals, professeur à la Faculté des Lettres de Grenoble, 1 vol.

ALFRED DE MUSSET, par A. Claveau, 1 vol.

ÉMILE AUGIER, par H. Parigot, professeur de rhétorique au lycée Condorcet, docteur ès lettres, 1 vol.

Tous les volumes ont été honorés d'une souscription du Ministère de l'Instruction publique

Guizot.

(D'après une photographie de Reutlinger).

GUIZOT

PAR

J. DE CROZALS

PROFESSEUR D'HISTOIRE A LA FACULTÉ DES LETTRES DE GRENOBLE

Un volume orné d'un portrait d'après une photographie
de Reutlinger.

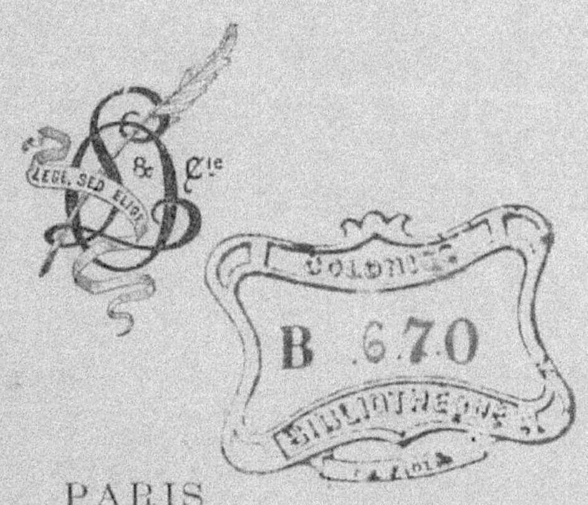

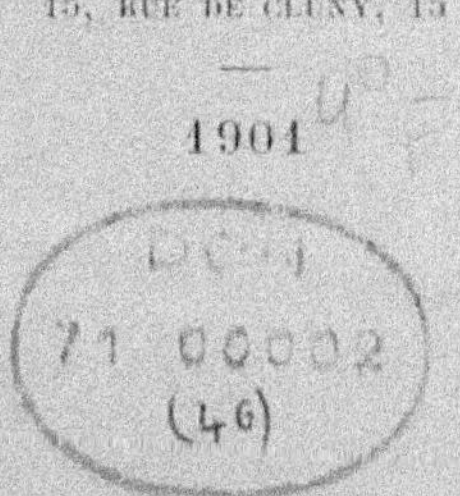

PARIS

SOCIÉTÉ FRANÇAISE D'IMPRIMERIE ET DE LIBRAIRIE

ANCIENNE MAISON LECÈNE, OUDIN ET Cⁱᵉ

15, RUE DE CLUNY, 15

1901

INTRODUCTION

« Il y a plaisir d'être dans un vaisseau battu de l'orage,
lorsqu'on est assuré qu'il ne périra point. »

Ces paroles de Pascal, Guizot les donnait, en
1820, comme épigraphe à son livre *Du Gouvernement de la France depuis la Restauration*. Le choix
en est expressif ; elles découvrent assez profondément l'état d'esprit de l'homme qui les distingua,
et, par une application inattendue, elles se
trouvent convenir à sa propre fortune.

Le goût impérieux de l'auteur pour les émotions
de la vie publique, sa sérénité dans le péril, son
intense curiosité des choses du gouvernement et
des affaires humaines, et (faut-il le dire ?) cet
excès de confiance, qui deviendra présomption,
il y a de tout cela dans ces quelques lignes.

Le talent de Guizot était déjà éprouvé, et son
caractère arrêté, quand il prit à Pascal cet aveu.
S'il n'avait pas donné encore l'exacte mesure de

ses ambitions, il en savait la force et la portée. Il aimait d'une ardeur très vive les choses de la politique ; il éprouvait, à s'en approcher, ce frémissement mystérieux qui est, en tout, la marque des élus ; la saveur des grandes responsabilités ne lui était point amère. Comme il avait déjà une doctrine de gouvernement, et qu'il connaissait à la fois l'excellente trempe de son esprit et de son caractère, il se reposait dans la certitude qu'un « vaisseau battu de l'orage », mais guidé par un tel pilote, s'il n'était pas épargné par la tempête, ne risquerait jamais de faire naufrage.

La catastrophe est venue cependant. L'éclat en fut soudain ; mais les signes avaient brillé depuis longtemps. Le peuple entier les avait vus ; et, sans doute, le conducteur du peuple, comme les autres ; mais on eût dit qu'il fermait les yeux pour ne les point voir. Une brusque secousse et quelques heures de tumulte dans la rue renversèrent le gouvernement de l'homme qui avait cru établir sur de solides bases un régime de force et de raison.

Il est, et il sera longtemps encore malaisé de bien parler de Guizot. Ce fut un grand esprit, un noble cœur, un historien de premier ordre ; homme d'Etat, il eût sans doute, avec fort peu de chose

en plus ou en moins, marqué sa place au premier
rang. Mais il restera peut-être toujours sur sa
mémoire ce je ne sais quoi qui est le signe des
réprouvés de la faveur publique.

Guizot a traversé, après 1848, l'abîme des
grandes haines. La masse du peuple, qui ne pouvait le comprendre, voua son nom à l'exécration
des tyrans; le parti pour lequel il avait pensé
et gouverné, ne lui pardonnait pas de l'avoir jeté
dans les fondrières. Un demi-siècle est passé;
le temps a fait son œuvre et le calme est peu à
peu descendu dans les âmes. Mais si les passions
sont éteintes, les conflits intellectuels ne se sont
nullement apaisés; le désaccord se creuse de plus
en plus profond entre les idées politiques de
Guizot et les nôtres.

Plutarque prête au vieux Caton ce mot tout
pénétré du sentiment de la mobilité des générations humaines : « Il est difficile de rendre raison
de sa vie devant des hommes d'un autre temps
que celui où l'on a vécu. » Ce mot peut s'appliquer à Guizot, mieux qu'à tout autre. Trente
ans ne se sont pas écoulés depuis sa mort, et il
nous paraît déjà s'éloigner de notre âge dans un
sombre et lointain recul. C'est la faute et de son
temps et de lui-même.

Le monde politique dans lequel agit Guizot et qu'il gouverna appartient tout entier au passé. Le peuple s'est substitué, comme principal moteur, au groupe restreint qui était, il y a cinquante ans encore, le principe de la vie publique. L'idée royale paraît n'être plus désormais qu'une forme démodée de notre histoire et une des curiosités de notre passé ; l'esprit de la démocratie a pénétré partout ; il anime et change tout avec une rapidité surprenante ; et cette grande expérience sociale se poursuit au sein de la paix, sous le regard d'une Europe longtemps hostile, contenue par la dignité de notre attitude et intéressée par la nouveauté du spectacle.

Un double abîme s'est soudainement creusé à deux reprises entre l'âge de Louis-Philippe et le nôtre : la Révolution de 1848 a bouleversé les formes politiques, et la guerre de 1870, en subordonnant tout au salut de la patrie, a tourné vers l'avenir les pensées et les ambitions, rendu faciles certains sacrifices, nécessaires certains changements, et refait, au double sens du mot, dans le regret comme dans l'espérance, une France nouvelle.

Tout nous éloigne donc du personnage qui fut l'incarnation la plus haute d'un régime que nous ne comprenons plus. Le gouvernement de Juillet n'est plus chose des temps présents ; il est déjà du domaine de l'histoire. Il lui arrive même de nous paraître plus « historique », plus vieux que telle ou telle époque antérieure, où nous retrouvons quelque chose de notre esprit, où nous voyons se former comme le premier bouillonnement de nos passions présentes.

Et en même temps, nous le sentons trop près de nous pour lui appliquer le désintéressement absolu de notre pensée ; devant lui, notre impartialité est encore mal à l'aise. Nous sommes volontiers plus justes pour des époques incomparablement moins favorisées, mais dont tout nous sépare, parce que nous n'avons rien à craindre d'elles et que le fardeau des conséquences ne pèse plus sur nous.

A la défaveur du régime s'ajoute encore l'impopularité de la personne. Guizot s'est toujours tenu dans ces régions hautes et froides où les sympathies populaires ne montent point. La légende, exagérant encore les traits véritables de son caractère, le fait durer dans l'imagination des hommes sous des formes raides et sèches qui plaisent peu et déconcertent tout bon vouloir affectueux.

Au lieu de se rappeler que Guizot, s'il se trompa quelquefois, eut souvent raison, on est prêt à lui reprocher sa raison presque au même titre que ses erreurs; il est puni d'avoir eu souvent raison avec excès, d'avoir fixé sa pensée en des formules doctrinales qui semblaient usurper pour lui seul le droit à la vérité.

Cette opinion publique qu'il gouverna si puissamment, lui a échappé, et peut-être sans retour. Il ne peut pas compter sur la faveur de la postérité; et les grands services que ce noble serviteur du pays rendit souvent à la cause de la civilisation ne seront jamais payés par l'amour.

Mais il nous paraît, qu'à lui appliquer seulement les règles de la justice, sa part est encore glorieuse. Guizot fut avant tout un politique; et voici que s'ouvre pour le recevoir, la phalange sacrée des *classiques*. Il y est à sa place. Si l'écrivain ne se dégagea chez Guizot que tardivement, au prix d'un long travail, sous la pression persistante de la pensée et par l'heureux voisinage de l'effort oratoire, il n'en fut pas moins remarquable par la sincérité, la personnalité et la force. Chez cet homme qui restera le représentant éminent d'un genre, l'histoire philosophique, la pensée a eu longtemps plus de vigueur et d'éclat que le style, jusqu'à l'heure assez tardive où l'accord s'est fait et le niveau établi.

L'orateur échappe à cette restriction de l'éloge qui se mesure suivant les dates. Il atteignit très vite les sommets de l'art et s'y maintint sans défaillance pendant la plus grande partie de sa vie publique. Il est donné à peu d'hommes de laisser une trace durable à la fois comme écrivain et comme orateur ; chez ceux qui sont de second ordre, ces deux genres de mérite paraissent même s'exclure. C'est la marque d'un esprit peu commun que d'avoir pu les concilier et de passer *classique* à deux titres divers, mais de qualité également rare, dans le même ordre que Montesquieu et Lord Chatam, et à leur suite.

GUIZOT

CHAPITRE PREMIER

GUIZOT · COMMENT IL S'EST FORMÉ ; CE QU'IL FUT.

I

« Né bourgeois et protestant (1). » (M. I, 27.)

Guizot marque ainsi lui-même d'un trait net le double caractère de ses origines. Bourgeois, il

(1) Pour simplifier la notation des renvois au texte de Guizot nous adoptons les abréviations suivantes :

M. — *Mémoires pour servir à l'histoire de mon temps.*
C. E. — *Histoire de la civilisation en Europe.*
C. F. — *Histoire de la civilisation en France.*
H. F. — *Histoire de France racontée a mes petits-enfants.*

Les autres ouvrages seront désignés par leur titre exact. Nous prévenons nos lecteurs que toutes les citations d'extraits de l'œuvre de Guizot sont empruntées aux éditions suivantes : *Mémoires de Guizot,* édition Michel Lévy, 1872 ; *Lettres de Guizot* édition Hachette ; *Histoire de France racontée à mes petits enfants* édition Hachette ; *Histoire de la Civilisation en France et en Europe,* édition Didier, 1857 et 1874 ; *Histoire de la Révolution d'Angleterre,* édition Pichon-Bichet, 1827 ; édition Didier, 1864.

semble qu'il l'ait été de plus en plus, par une sorte de développement régulier de son tempérament intellectuel, du premier au dernier jour de sa vie publique ; et protestant, de moins en moins, puisqu'il est allé de l'isolement de croyances intransigeantes au projet d'une fusion chimérique de son parti avec la cour Romaine. Mais avec des variations et des nuances, des retouches pour adoucir ou renforcer les traits, c'est bien là le fond du caractère de l'homme, tel que son origine et son éducation l'avaient fait.

François Guizot naquit à Nîmes, le 4 octobre 1787. Sa famille tenait un bon rang dans le parti protestant du midi. Son père, avocat de mérite du barreau de Nîmes, avait acclamé la Révolution à ses débuts. Il salua en elle le triomphe des principes du Tiers-Etat et l'avènement définitif de son parti religieux au régime du droit commun. Mais c'était un de ces hommes passionnément raisonnables, qui ne s'abandonnent jamais tout entiers au mouvement qui emporte les foules : on eût pu lui dire, sans ébranler sa foi, comme madame de Montmorin à madame de Staël devant le défilé des représentants de la nation, le 5 mai 1789 : « Vous avez tort de vous réjouir ; il arrivera de ceci de grands désastres à la France et à nous. » Sa fidélité aux principes n'en eût point été ébranlée ; et plus tard, en présence des excès révolutionnaires, les menaces n'eurent pas raison de sa fermeté. Il fut condamné à mort et exécuté le 8 avril 1794. Il laissait une veuve et deux fils, François et Jean-Jacques.

La mort de cet honnête homme, vrai citoyen, fut un grand exemple. Il pouvait sauver sa vie ; l'agent subalterne qui avait découvert sa retraite, lui proposa de le laisser échapper. Tout favorisait sa fuite, et le salut était assuré. Mais l'agent pouvait être compromis par cette complaisance ; André Guizot refusa l'offre de la vie et s'immola héroïquement à ce scrupule. Le souvenir de ce grand acte ne s'est pas encore effacé de la mémoire de ses compatriotes.

« Rien ne m'est plus antipathique que d'étaler mon propre cœur. » (M. I, 89.)

Nous devons accuser chez le fils de l'avocat libéral ce sentiment de fière réserve ; il a tari la source de confidences précieuses. Guizot avait sept ans quand son père fut exécuté. A sept ans, on comprend déjà ; et déjà, on souffre. Sous l'action des grandes douleurs, l'âme peut prendre à cet âge un pli que rien ne défera. Quel tragique serment d'Annibal enchaîna peut-être alors pour jamais cette jeune âme à la cause de la vraie liberté pour laquelle son père était mort : la liberté à mi-chemin entre la double tyrannie des rois et des foules ? Nul ne peut le dire. Mais sortons-nous de notre droit en voyant dans l'obstinée modération du fils, dans son impétuosité à défendre toujours et en tout les idées moyennes, quelque chose comme un vœu à une chère mémoire et la fatale empreinte d'une tragédie domestique ?

Madame Guizot voua sa vie à l'éducation de ses fils. Le malheur des temps rendait malaisée en France une œuvre de cette sorte, conduite avec sérieux et méthode. Elle tourna les yeux vers la ville que sa foi lui avait si souvent montrée comme une seconde patrie, et se détournant du théâtre de ses souvenirs, elle alla s'établir à Genève. C'est au gymnase de cette ville que Guizot fit ses études, avec une application soutenue dont ses maîtres furent frappés.

Cet adolescent traitait la vie comme une chose sérieuse et une œuvre difficile qu'il faut laborieusement préparer ; son esprit se formait par un patient effort sans défaillance, et sous l'influence maternelle son caractère se trempait ; l'homme se dégageait, fier, libre, un peu farouche, d'un enthousiasme contenu, armé de mépris contre les vulgarités, piqué déjà d'un appétit de lutte. Son premier regard sur le monde dut y chercher, non pas où s'offrent les jouissances, mais où sont les devoirs. Aucune rêverie, aucune incertitude ; ce jeune homme voit sa tâche prête ; il ne sent en lui de bouillonnement que celui d'énergies accumulées pour une action sérieuse, utile et noble.

Fondus et travaillés dans le creuset de Genève, les éléments de ce caractère avaient besoin de s'affiner dans un milieu français ; Guizot vint

à Paris en 1805 ; il avait dix-huit ans. L'amitié
de M. Stapfer, ancien ministre de Suisse à Paris,
lui créa des relations. Guidé par ce protecteur
éclairé, il dirigea ses études vers les langues et les
littératures étrangères ; il acheva de se rendre
maître des   langues anglaise et allemande,
étudia passionnément Kant et Klopstock, Herder
et Schiller.

Il était temps toutefois qu'il élargît le cercle de
sa vision intellectuelle ; peut-être était-il alors
encore quelque peu suisse. Il paraît avoir plus
d'acquis que de lettres et plus d'érudition que de
culture. Il parle lui-même de ses traditions chrétiennes et de son enthousiasme germanique qui
faisaient sourire ses amis parisiens et leur cau-
saient parfois de l'impatience. Il lui manquait le
baptême philosophique, au sens où l'entendait le
siècle qui venait de finir ; ce siècle

« Qui avait librement pensé à tout, parlé de tout,
mis tout en question, tout espéré et tout promis, par
mouvement et par plaisir d'esprit, plutôt que par aucun
dessein d'intérêt et d'ambition. » (M. I, 5.)

Ce baptême de la liberté d'esprit et des vraies
lettres, curieuses de tout, sans arrière-pensée d'u-
tilité, Guizot allait le recevoir dans les salons de
Mme d'Houdetot, de Suard et de Morellet.

La société de Paris en 1805 n'avait presque
plus rien de commun avec la société des années
qui avaient précédé la Révolution. Le sol avait

tremblé sous les institutions et les gens, et les traces de cet ébranlement étaient partout. Même après que la sécurité eut été rendue aux esprits et l'ordre aux choses, on ne voyait plus ni le même tour aux pensées, ni les mêmes allures aux personnes. Des événements surprenants, terribles, avaient donné à l'activité de chacun à la fois un but précis et un air tendu ; les simples plaisirs de société semblaient fades à quiconque avait traversé, comme acteur ou témoin, les périodes si riches d'événements et d'émotions de la Terreur, du Directoire, du Consulat. La génération nouvelle née pendant la crise se trouvait séparée par un abîme, de ce xviii⁰ siècle, si voisin, à ne compter que les années, si éloigné, à mesurer les changements. De l'ancien régime, il ne restait que des débris. La politesse intellectuelle du xviii⁰ siècle, effarouchée par le bruit des armes et les éclats d'un despotisme brutal, s'était réfugiée dans un coin de quelques mètres carrés, au foyer de trois vieillards, dont le plus jeune avait soixante-seize ans.

Il y avait sans doute à Paris, en 1805, d'autres centres de réunion ; mais au lieu d'offrir, comme jadis, dans un charmant pêle-mêle, des hommes de toutes les classes de la société, noblesse, église, robe, hommes d'affaires, gens de lettres, artistes, hommes d'Etat, ils ressemblaient plutôt à des conciliabules de coteries ; l'esprit de parti y régnait en maître, dans l'ordre des idées, des sentiments, des intérêts. Les anciens Constituants ne voyaient que leurs principes méconnus et outragés ; les membres de la haute noblesse, expiant avec une passion aveugle la générosité de leurs imprudences, leur ouverture d'esprit et leur libéralité de cœur, faisaient pénitence publique, et affichaient plus que jamais toutes les prétentions et les pédanteries de leur classe. Dans cette société nouvelle, le souci de l'intérêt avait tout flétri. C'était au contraire la marque propre du XVIIIe siècle d'avoir été, en toutes choses, désintéressé jusqu'à la folie. Ces deux mondes se tournaient le dos.

Aucun siècle en effet n'a pris un plus vif plaisir au maniement des idées pures que le siècle dont la société impériale répudiait l'héritage. Peu soucieux de la portée pratique de ses théories, il s'est enchanté lui-même de ces jeux d'une pensée toujours en éveil, réformant l'homme, la société, le ciel même, ouvrant à la vie sociale et aux destinées générales de l'humanité d'infinies perspectives toutes nouvelles ; amoureux de chimères, jamais vulgaire ni bas, n'ayant d'autre dieu que l'esprit et ne pouvant admettre que cette divinité nouvelle se révélât au monde autrement que par des bienfaits.

« C'était un siècle ardent et sincère, un siècle de foi et de désintéressement. Il avait foi dans la vérité, car il a réclamé pour elle le droit de régner en ce monde. Il avait

foi dans l'humanité, car il lui a reconnu le pouvoir de
se perfectionner et a voulu qu'elle l'exerçât sans en-
trave. Il s'est abusé, égaré dans cette double confiance ; il a tenté bien au delà de son droit et de sa force.
Sa pensée originale, dominante, la croyance que l'homme,
la vérité, la société sont faits l'un pour l'autre, dignes
l'un de l'autre et appelés à s'unir, cette juste et salutaire croyance s'élève et surmonte toute son histoire. »
(*Notice sur Mme de Rumfort*, M. II, 421.)

Mme d'Houdetot, M. Suard, l'abbé Morellet
avaient mis leur honneur à perpétuer, sous le
despotisme impérial, les traditions de liberté
intellectuelle du siècle qui les avait formés.
Ils groupaient autour d'eux quelques amis, des
académiciens, des politiques désabusés revenus
à la philosophie et aux lettres, un petit nombre
de jeunes gens triés, comme pour préparer des
successeurs et faire école. On se réunissait le
jeudi chez l'abbé Morellet, le mardi et le samedi
chez M. Suard ; le mercredi Mme d'Houdetot
tenait table ouverte ; petite chère, petit cercle ;
tout le charme était dans les entretiens ; le dîner
n'était qu'un prétexte.

« Après le dîner, assise au coin du feu, dans son grand
fauteuil, le dos voûté, la tête inclinée sur la poitrine, parlant peu, bas, remuant à peine, Mme d'Houdetot assistait en quelque sorte à la conversation, sans la diriger,
sans l'exciter, point gênante, point maîtresse de maison, bonne, facile, mais prenant à tout ce qui se disait,
aux discussions littéraires, aux nouvelles de société ou
de spectacle, au moindre incident, au moindre mot spi-

rituel, un intérêt vif et anxieux ; mélange piquant et original de vieillesse et de jeunesse, de tranquillité et de mouvement.

« On trouvait chez M. Suard moins de facilité, moins de laisser-aller ; là, peu d'*a parte* entre les voisins, peu d'interruptions au gré de telle ou telle fantaisie, une conversation presque toujours générale et suivie. C'était l'usage de la maison et on y tenait ; il en résultait quelquefois, surtout au commencement de la soirée, un peu de gêne et de froideur. Mais en revanche, là régnaient une liberté plus sérieuse et bien plus de variété réelle. M. Suard ne craignait d'aborder ni de voir aborder chez lui aucun sujet. Nulle part la franchise de la pensée et du langage n'était aussi grande, aussi ouvertement autorisée, provoquée par le maître de la maison.

« Les hommes qui ne l'ont pas vu ne sauraient se figurer quelle était alors la timidité des esprits, la retenue des entretiens, à quel point, dès que le moindre contact avec la politique se laissait entrevoir, les figures devenaient froides et les paroles officielles. M. Suard n'avait jamais souffert que cette mort pénétrât chez lui ; nul homme n'était plus étranger à toute menée, à toute intention politique ; mais la liberté de la pensée et de la parole était sa vie, son honneur ; il se fût senti avili à ses propres yeux d'y renoncer, et il la maintenait au profit de tous.

« La conversation ne manquait pas d'ailleurs chez lui d'étendue et de variété ; aucune habitude, aucune préoccupation spéciale n'en rétrécissait le champ : philosophie, littérature, histoire, arts, antiquité, temps modernes, pays étrangers, tous les sujets y étaient accueillis avec faveur. Les idées jeunes et nouvelles, fussent-elles même peu en accord avec les traditions du xviii° siècle, n'y rencontraient point une hostilité repoussante ; on leur pardonnait de déplaire, en faveur du mouvement d'esprit qu'excitait leur nouveauté. On se réunissait, on causait sans nécessité, sans but, par le seul attrait des communications intellectuelles. Ce n'était pas sans doute le sérieux d'amis passionnés de la vérité et de la science ; mais c'était encore moins l'étroit égoïsme ou le mesquin travail des gens qui ne font cas que de l'utile. On ne recherchait pas, il est vrai, on ne reproduisait pas les idées pour elles-mêmes et pour elles seules ; on leur demandait quelque chose au delà, un plaisir social, mais rien de plus. »

(Notice sur Mme de Rumfort ; M. II, 407, 409.)

Plus de trente ans après, Guizot parlait encore avec complaisance de ce milieu intime : il avait eu la vision du xviiie siècle. Sans doute les couleurs du tableau étaient pâles et presque effacées ; le dessin seul en était resté net et pur. C'en était assez pour que le pupille intellectuel de Suard eût la révélation et goûtât le charme de cette société évanouie. Du philtre des idées et des théories qui avaient enivré tant d'esprits, trente ans auparavant, il ne prit que quelques gouttes légères ; assez pour donner à ses jeunes facultés l'agitation, sans le trouble. Il dut beaucoup à cette initiation ; et il y a de la reconnaissance dans l'accent qui anime ses souvenirs.

Sans doute Guizot prit peu de chose au xviiie siècle ; il ne fut jamais un amoureux désintéressé des lettres et de la philosophie ; il demandait aux idées autre chose que les éléments d'un plaisir social ou d'une ingénieuse combinaison de l'esprit.

L'idée, à ses yeux, perdait de son prix, si elle ne préparait l'action; la théorie ne valait un regard que s'il y avait en elle assez de raison pour soutenir l'épreuve du fait.

Mais dans ce mouvement continuel d'idées, d'opinions, de croyances, que la conversation agitait sans arrière-pensée de profit ou de danger, comme une joûte entre de purs esprits, cette intelligence encore rude dut émousser ses angles et polir ses surfaces. Privé du commerce de Suard et de Mᵐᵉ d'Houdetot, on s'imagine volontiers Guizot plus disposé encore à s'enfermer dans un ..cle d'idées raisonnables, comme dans un réduit sacré; à nier tout ce qu'il ne comprenait pas; à détester tout ce que, d'instinct, il ne se sentait pas porté à aimer.

À coup sûr, il profita largement à cette école de tolérance intellectuelle; il vit, par un continuel exercice sous ses yeux, ce qu'était l'ouverture, l'aisance, le désintéressement de la pensée, et qu'il y avait, dans le libre jeu des idées, en dehors de toute application politique, un principe de beauté qui avait suffi à charmer de plus grands que lui. Sous le regard de ces gentilshommes de lettres, débris d'un autre âge, il eut la bonne fortune de faire son académie.

II

Guizot eut ce bonheur, de connaître le XVIIIe siècle sous son double aspect : le scepticisme et la variété infinie de la pensée ; le sérieux dans la grâce et la passion dans le devoir. Chez Suard et Mme d'Houdetot, dans ce milieu que l'on eût pu croire frivole, il trouva son roman (1), mais le plus grave et le plus noble de tous les romans ; à l'origine, le sacrifice et le dévouement y tiennent la place de la fantaisie et du caprice ; un long apprentissage des caractères et un effort pour se mériter y remplacent la galanterie ; une union parfaite le couronne.

On veut des romans ? que ne regarde-t-on de près à l'histoire ! (L'*Amour dans le mariage*, p. 1.)

et à la vie. Guizot a eu le sien, et à son heure exacte, à vingt ans.

Suard avait fondé un recueil périodique, le *Publiciste*, dans lequel Guizot fut admis à faire ses premières passes d'écrivain(2). Suard y offrit courtoisement l'hospitalité à une jeune fille, Mlle Pauline de Meulan, qui avait cherché dans l'exercice de son talent d'écrivain le moyen de soutenir la vie de sa mère et la sienne.

(1) Guizot lui-même n'eût pas désavoué ce mot de roman. Il parle dans une de ses lettres à M. de Rémusat de la « *romanesque ambition* » qui lui a fait obtenir son bonheur (9 oct. 1827).

(2) Guizot avait à gagner sa vie, et, dans toute la force du terme,

Fille d'un receveur général de la généralité de Paris, elle avait connu l'opulence et grandi au milieu de la société la plus élégante de la fin du XVIIIe siècle. La mort de son père en 1790 et les débuts de la Révolution tranchèrent net sa jeunesse ; elle avait alors dix-sept ans. La ruine, les préoccupations d'argent, la liquidation d'une grande fortune assombrirent les années suivantes et mirent Mlle de Meulan aux prises avec les plus douloureuses réalités de la vie. Son esprit que la prospérité avait entretenu dans une frivolité enfantine, mûrit tout à coup, s'appliqua à de sérieux objets et connut la fascination du devoir. Vivre avec dignité et travailler pour soutenir sa mère devint le but de cette existence, ennoblie par le malheur.

Un talent littéraire se révéla que nul n'avait soupçonné ; et les amis de M. de Meulan, qui jadis avaient connu Pauline effacée, languissante et maladive, virent s'épanouir en elle un esprit délicat, ingénieux, capable d'observation, mieux fait pour la critique que pour l'invention, avec une âme forte qui avait gardé seulement de ses

il écrivait pour vivre. Une lettre à sa mère (28 octobre 1810) nous apprend qu'il touchait au *Publiciste* 150 francs par mois pour faire six articles. Les quatre premières livraisons de Gibbon lui rapportèrent 1200 fr., et la traduction du *Voyage en Espagne*, 50 louis. — « Je suis d'une économie si stricte que tu en serais étonnée. Je sais que j'en ai besoin et cela me suffit. Il est probable, et très probable, que je ne ferai jamais fortune ; peut-être même aurai-je des moments de gêne, mais il est certain que j'arriverai, en travaillant, à une douce aisance. »

malheurs la faculté de sentir le malheur d'autrui. La réputation littéraire de Mlle de Meulan dépassa rapidement les limites du cercle d'amis où elle avait essayé son talent ; elle était comptée comme critique et moraliste ; sa collaboration au *Publiciste* était régulière, et sa vie noblement assurée par son travail.

Un jour, en 1807, la maladie l'arrêta. Mlle de Meulan dut cesser d'écrire. Ce pouvait être un retour offensif de la pauvreté. Elle reçut alors d'un anonyme la proposition d'une mystérieuse suppléance. On s'offrait à écrire à sa place des articles dont le profit serait pour elle. Le caractère chevaleresque de l'offre, le mystère qui l'entourait, tout cela eut raison des résistances de Mlle de Meulan, et le publiciste voilé commença son œuvre de délicate bienfaisance. Il signa F. C'était François Guizot.

Les conditions de cette rencontre devaient créer entre ces deux natures élevées d'étroits rapports ; la reconnaissance, l'estime ouvrirent la porte à un sentiment plus vif et plus plein.

« J'ai besoin de te parler de Pauline, écrivait Guizot à sa mère (1), comme du bonheur le plus grand et le plus sûr de ma vie. J'ai peine à imaginer que tu ne connais pas comme moi ce caractère si élevé et si simple, cette âme si tendre et si forte, cette humeur si active et si douce... Depuis que je la connais, et il y aura bientôt

____

(1) 22 août 1811. *Lettres de Guizot à sa famille et à ses amis* (Hachette, édit.), p. 7.

cinq ans, j'ai senti chaque jour mon estime et mon affection pour elle s'accroître à mesure que je la voyais davantage. Elle est de ce petit nombre d'êtres dont on ne peut jamais épuiser, en vivant avec eux, les qualités et les vertus. »

En 1812, malgré la différence des âges, le mariage unit Guizot et Mˡˡᵉ de Meulan. Elle avait alors trente-neuf ans, et lui vingt-cinq.

Cette union, que la mort devait rompre en 1827, fut parfaitement heureuse. Ils y gagnèrent l'un et l'autre de se communiquer leur expérience de la vie, leur chaleur d'espérance et de foi, de fortifier par l'émulation leur dévouement au devoir. Mᵐᵉ Guizot acheva de dépouiller ce que le XVIIIᵉ siècle avait laissé en elle de scepticisme ou d'hésitation intellectuelle devant les grands problèmes de la destinée ; préoccupée d'une façon moins exclusive de découvrir le vrai, elle voua son âme au triomphe du bien, et le souci de l'éducation d'un fils concentra ses pensées sur ce grand objet de la réforme des hommes par la discipline morale de l'enfance.

Associée à la vie laborieuse de son mari, confidente ou collaboratrice, elle donna sans doute autant qu'elle reçut. Il lui appartint peut-être de tempérer par son aimable tolérance ce qu'il y avait alors chez son mari de trop rigide ou de trop hautain dans la raison. C'était une de ses maximes que « la raison et la vérité n'ont presque jamais convaincu personne. » Elle croyait pourtant avec passion à l'une et à l'autre ; mais elle les voulait servies par la bonne grâce et tempérées par l'expérience. Le calviniste s'humanisa au commerce de ce libre esprit, qui fit lui-même à son école une conversion décisive, de l'indifférence religieuse vers un spiritualisme chrétien sincèrement avoué et accepté comme une consolation.

Les années passaient et semblaient ajouter à cette commune tendresse, que l'âge exaltait au lieu de la déprimer. Après neuf ans de mariage, Mme Guizot écrivait à son mari :

« Oh ! combien peu de gens savent ce que c'est que le bonheur ! mon ami, que je t'aime ! comme mon âme vole à chaque instant vers toi ! comme j'ai besoin de retenir continuellement cet essor qui me laisserait ici à terre sans force et sans vie ! Ah ! il n'y en a plus de véritable pour moi que dans mon union avec toi ; tout ce qu'il y a en moi de meilleur s'est assimilé à toi : *Rome n'est plus dans Rome*. Allons, finissons ; il faut s'imposer silence à soi-même ; quand on a commencé sur tout cela, le moyen de s'arrêter naturellement (1) ! »

Pendant ces quinze années de bonheur intime, Guizot passa de l'obscurité à la pleine lumière de la vie publique. Depuis son arrivée à Paris, chaque année était marquée par d'importants travaux et par des succès. Il ajoutait sans trève à la

(1) *Lettres de Guizot à sa famille et à ses amis* (Hachette, édit.), p. 23.

liste de ses ouvrages : après la publication, en 1809, de son *Dictionnaire des synonymes*, où il avait classé et mis à profit, avec la netteté supérieure de son esprit, les notes prises pendant son préceptorat chez M. Stapfer, il publiait une nouvelle édition de l'*Histoire de la décadence et de la chute de l'empire romain*, de Gibbon, avec des notes qui en rehaussaient le prix ; il mettait son médaillon au piédestal de cette œuvre monumentale. Les *Annales de l'éducation*, continuées jusqu'en 1815, témoignaient de la volonté d'agir par la plus noble des forces, la culture des âmes, sur la génération qui arrivait. Le comte de Lally Tollendall lui écrivait à ce propos :

« Ma génération passe ; la vôtre vient d'arriver ; une autre naît ; je vous vois placé entre les deux pour consoler la première, honorer la seconde, former la troisième. Tâchez de faire celle-ci à votre image, ce qui ne veut pas dire que je souhaite à tous les petits garçons d'en savoir un jour autant que vous, ni à toutes les petites filles de ressembler en tout à votre plus qu'aimable collaboratrice (Mlle de Meulan). Il ne faut désirer que ce qu'on peut obtenir, et j'aurais trop de regret de me sentir sur mon déclin quand un si beau siècle serait près de se lever sur la terre. Mais renfermez ma pensée dans ses justes bornes, et dictez, comme Solon, les meilleures lois que puisse supporter ou recevoir l'enfance du xixe siècle ; ce sera bien encore assez. Aujourd'hui le *mox progeniem daturos vitiosiorem* ferait dresser les cheveux. » (*Lettre à Guizot, 27 avril 1811.*)

Mme Guizot eut le bonheur d'assister au pre-

mier essor de la double fortune littéraire et politique de son mari. Elle le vit, à deux reprises,
secrétaire général des ministères de l'intérieur et
de la justice, conseiller d'Etat, professeur écouté
en Sorbonne, publiciste influent sur l'opinion,
historien éminent. Elle ne vit pas son entrée à la
Chambre des députés. Le 1er août 1827, un mal
douloureux dont les ravages l'avaient lentement
minée, l'enleva en pleine conscience, et prête au
suprème sacrifice.

La scène de sa fin est marquée du sceau de la
grandeur. On causait autour d'elle, à sa prière ;
la solennité des circonstances ramenait toutes les
pensées au problème de l'immortalité de l'âme.
La mourante, retrouvant un instant toutes ses
forces, affirma sa confiance que l'âme individuelle
devait persister au sein de Dieu. Elle pria son mari
de lui faire, comme viatique suprème, une de ces
lectures qui fortifient l'âme. Guizot lui lut une
lettre de Fénelon pour une personne malade ;
puis un sermon de Bossuet sur l'immortalité de
l'âme. Pendant qu'il lisait, elle expira. Elle avait
exprimé le désir d'être ensevelie selon le rite de
l'église réformée. Préoccupée de rendre à son
mari le bonheur domestique que son absence
allait détruire, elle lui avait désigné celle qui
devrait un jour occuper sa place, sa propre nièce,
Mlle Eliza Dillon. « Si je meurs, je veux qu'il soit
malheureux le moins et le moins longtemps pos-
sible. »

Guizot a toujours répugné aux indiscrétions qui auraient découvert à l'indifférence publique les secrets de son cœur et le spectacle de son bonheur domestique. Il y a de la grandeur dans cette réserve. C'est à peine si, çà et là, un mot lui échappe qui le trahit à demi.

« Il en est du malheur intime comme du bonheur ; on ne peut ni en parler, ni s'en taire absolument. (M. III, 52.)

« Je n'ai nul penchant à entretenir le public de ma vie privée ; plus les sentiments intimes sont profonds et doux, moins ils aiment à se montrer ; car il leur est impossible de se montrer tels qu'ils sont. Les rois livrent aux regards des envieux les diamants de leur couronne : on n'étale pas les trésors dont ceux-là seuls qui les possèdent connaissent le prix. Mais quand arrive le jour fatal où ces trésors nous sont ravis, ce serait leur manquer de respect et de foi que de ne pas laisser voir ce qu'ils étaient pour nous et quel vide ils nous laissent. » (M. III, 49.)

De cette vie « douce et pleine » qu'il mena de 1812 à 1827, nous trouvons dans ses *Mémoires* un témoignage, mais combien discret ! Guizot vient d'être éliminé du Conseil d'Etat (en 1820), et il accepte de Mme de Condorcet la jouissance d'une maison de campagne qu'elle possédait à dix lieues de Paris, près de Meulan.

« Dès le premier moment, le séjour de la *Maisonnette* me plut. Placée à mi-côte, elle avait vue sur la petite ville de Meulan, avec ses deux églises ; à droite de la villa, les

regards tombaient sur l'*Ile-Belle*, toute en vertes prairies
et entourée de grands peupliers ; en face, sur le vieux
pont de Meulan, et, au delà du pont, sur la verte et fer-
tile vallée de la Seine. La maison, point trop petite, était
modeste et modestement arrangée ; des deux côtés, en
sortant de la salle à manger, de grands arbres et des
massifs d'arbustes ; sur les derrières et au-dessus de la
maison, un jardin planté sans art, mais coupé par des
allées montantes le long du coteau et bordées de fleurs.
Au haut du jardin, un petit pavillon, bon pour lire seul
ou pour causer à deux. Au delà de l'enceinte, toujours en
montant, des bois, des champs, d'autres maisons de campagne, d'autres jardins dispersés sur un terrain inégal.
J'étais là avec ma femme et mon fils François, qui venait
d'avoir cinq ans. Mes amis venaient me voir. Il n'y avait,
dans tout ce qui m'entourait, rien de beau ni de rare ;
c'était la nature avec ses plus simples ornements, et j'y
menais la vie de famille avec ses plus paisibles douceurs.
Mais rien ne me manquait : ni l'espace, ni la verdure, ni
l'affection, ni la conversation, ni la liberté, ni le travail,
ni même la nécessité du travail, aiguillon et frein dont
la mollesse et la mobilité humaines ont si souvent besoin. J'étais heureux. » (M. I, 291, 292.)

Quand ce bonheur fut brisé, il souffrit cruelle-
ment, et cet homme si contenu laissa un jour
échapper un cri. Une lettre à M. de Rémusat
nous le livre dans un de ses rapides moments
d'abandon. Il préparait la publication d'un ouvrage de sa femme, *Conseils de morale*, et voulait le
faire précéder d'une notice sur l'auteur.

« J'ai voulu la faire (cette *notice*) : j'ai écrit, réécrit,
j'ai essayé de toutes les manières... je ne peux pas, je

ne peux absolument pas. Je tombe sur-le-champ dans une intimité, une souffrance qu'il est impossible de laisser voir... Depuis six semaines, ce supplice-là s'est ajouté à mon supplice et je ne suis pas plus avancé... Ce que j'écrirais, je le sais à présent, il n'y a qu'elle qui puisse le lire. Quand je veux dire d'elle autre chose que quelques mots, c'est à elle seule que je puis parler... J'ai vraiment trop souffert à ce que j'ai tenté (1). »

L'homme privé tient dans la vie connue de Guizot une très petite place. On sait pourtant par le témoignage de ses amis et de tous ceux qui l'ont approché avec quelle jalouse ardeur il jouissait des joies de la famille. Il réservait ce monde sacré comme un sanctuaire de consolation et de paix.

« Je ne connais que la vie domestique qui donne, après les violences et les fatigues de la vie publique, un vrai délassement et le bonheur dans le repos. » (M. II, 243.)

Le regard indifférent, la curiosité banale de la foule eût profané ce mystère.

Nous mettons à haut prix cette fière discrétion qui est un des traits originaux de l'homme. Le nombre des vanités qui, en ce siècle, se sont complaisamment étalées au regard de tous, met encore en valeur cette réserve. N'y a-t-il pas, dira-t-on, quelque orgueil à se dérober ainsi ? Peut-

(1) *Lettres de Guizot à sa famille et à ses amis* (Hachette, édit.), p. 75, 76.

être ; mais l'orgueil, appliqué à un tel objet, est un principe de grandeur.

Il y a plus encore. Dans l'ordre des joies et des sentiments domestiques, Guizot fut certainement un passionné, et il connut, lui aussi, cette douloureuse impuissance de rendre par la parole ce qui était en lui. Il parle dans une lettre intime (1) de son « mépris inexprimable pour les paroles. »

« Elles sont toujours si faibles, si froides, si courtes, si grossières ! »

De certaines choses, il aimait mieux se taire que de n'en point parler comme elles le méritaient. C'est donc une tâche vite remplie de réunir ici, sous un même coup d'œil, tout ce que nous savons d'essentiel, par Guizot lui-même, sur sa vie domestique.

Il avait de son premier mariage un fils, François, né en 1815. A la fin de 1828, il épousa en secondes noces Mlle Eliza Dillon. Il eut, dans cette nouvelle union, une reprise de bonheur. Mme Eliza Guizot avait l'esprit distingué, et, au jugement même de Royer-Collard, qui s'y connaissait, « une nature héroïque. »

Ce fragment d'une lettre à sa sœur la peint au naturel :

« Avant notre mariage, mon mari me demanda un jour si je ne serais jamais effrayée des vicissitudes de sa des-

____

(1) *Lettre à Mme de Gasparin*, 7 octobre 1835.

tinée ; je vois encore ses yeux briller sur moi en m'entendant lui répondre qu'il pouvait être tranquille, que je jouirais passionnément de ses succès et n'aurais pas un soupir pour ses revers... Que Dieu me laisse à lui et lui à moi ; je serai toujours, même au milieu de toutes les craintes, et de toutes les épreuves, la plus heureuse des créatures. » (M. III, 52.)

Ce bonheur dura cinq années. Çà et là, dans l'œuvre de Guizot, une furtive échappée :

« M. Rossini me quitta. Je restai avec ma femme que sa personne et sa conversation avaient intéressée. On amena dans le salon ma fille Henriette, petite enfant qui commençait à marcher et à jaser. Ma femme se mit à son piano et joua quelques passages du maître qui venait de nous quitter. Nous étions seuls ; je passai ainsi je ne sais quel temps, oubliant toute préoccupation extérieure, écoutant le piano, regardant ma fille qui s'essayait à courir, parfaitement tranquille et absorbé dans la présence de ces objets de mon affection. Il y a près de trente ans, il me semble que c'était hier. » (M. II, 74, 75.)

Pendant la terrible épreuve du choléra de 1832, l'activité de Mme Eliza Guizot, sa jeunesse, sa sérénité, son facile courage, « sa bonté à la fois sympathique et fortifiante » lui gagnèrent tous les cœurs ; elle se rappela et mit en pratique les préceptes qu'elle avait recommandés, quatre ans plus tôt, dans son écrit : *De la charité et de sa place dans la vie des hommes.*

Moins d'un an après, elle donnait le jour à un fils (11 janvier 1833). Elle parut se rétablir

rapidement ; et tout le monde s'y trompa. Royer-
Collard dit à Guizot: « Elle est très bien; veillez-y
pourtant ; l'âme est plus forte que le corps. » Il
avait vu juste ; six semaines après, Guizot était
veuf pour la seconde fois. Il écrivait plus tard :

« On ne s'inquiète jamais assez, ni assez tôt. » (M. IV,
231.)

Il voila sa douleur ; ses plus intimes amis
eux-mêmes ne la connurent point tout entière.
Elle s'échappa pourtant dans une lettre à Royer-
Collard ; nous retrouvons dans la réponse de
ce stoïque ami l'écho de ce désespoir :

« Votre lettre ne m'a pas seulement ému ; elle m'a fait
descendre avec vous *dans cet abîme où vous êtes tombé. Je
ne le croyais pas si profond* ; l'empire que vous avez sur
vous et qui semblait régler votre âme comme vos paroles,
sans me tromper tout à fait, *ne m'avait pas laissé pénétrer assez avant...* Vous avez devant vous une longue vie,
l'éducation de vos enfants, une carrière à peine ouverte
que vous êtes sûr d'honorer par des services rendus à
l'humanité. Ce sont de puissantes distractions ; vous les
recevrez peu à peu et vous les laisserez agir. » (*Citée*
M. III, 53.)

Guizot se consola par le devoir ; il se reprit à la
vie publique et à l'action. Quand il quitta le pouvoir en 1836, il sentit plus vivement l'amertume
de l'irréparable absence :

« Une profonde tristesse me saisit quand, le **22** fé-

vrier 1836, je rentrai dans cette petite maison où je ne
ramenais pas celle qui, naguère, la remplissait de bonheur ; mais c'était notre maison, elle était pleine de chers
souvenirs. » (M. IV, 120.)

L'année suivante, une nouvelle épreuve l'attendait. Le 15 février 1837, son fils aîné lui était
enlevé par un mal soudain. Guizot en a parlé
avec une tendresse contenue, mais profonde.

« ... Mon fils aîné, excellent et charmant jeune homme,
déjà un homme. Il avait près de vingt-deux ans, et me
promettait un compagnon aussi aimable que sûr. Non
qu'il témoignât pour la carrière politique beaucoup de
penchant ; doué d'un esprit très distingué, il avait fait
toutes ses études scientifiques comme littéraires, avec
un rare succès. Mais c'était un naturel aussi modeste que
fier, délicat, un peu renfermé en lui-même, plus jaloux
d'intimité que d'éclat, et enclin à goûter sans bruit les
joies nobles de la vie plutôt qu'à en chercher les triomphes. Il eût été, à coup sûr, une de ces créatures d'élite
qui charment la vie domestique et honorent la vie humaine. » (M. IV, 231.)

Si les grandes affaires paraissent avoir occupé
la vie de Guizot tout entière, elles n'ont certainement pas suffi à contenter son cœur. Il se
défend, comme d'un outrage, d'avoir été possédé
d'une seule et même passion, l'ambition politique. C'est bien mal connaître l'âme humaine,
pense-t-il, que de n'admettre pas, chez celles qui
sont vraiment nobles, ce voisinage des passions
les plus diverses. L'ambition a ses jours et le

détachement a les siens ; les grandes luttes animent et plaisent ; les forces de l'esprit et du caractère s'y déploient ; c'est un magnifique exercice des plus hautes facultés de l'homme ; mais ce n'est pas l'homme tout entier ; ce n'est peut-être pas le meilleur de l'homme.

Guizot a connu le prix et goûté la douceur de ces joies intimes qui ajoutent à l'enchantement des succès politiques et que les disgrâces du dehors ne sauraient altérer.

« J'ai beaucoup aimé la vie politique ; je m'y suis adonné avec ardeur ; j'ai fait, sans compter les sacrifices et les efforts qu'elle m'a demandés ; mais elle a toujours été bien loin de me suffire. C'est dans les plus heureux jours et au milieu des meilleurs succès de ma carrière que j'ai toujours trouvé la vie politique insuffisante ; le monde politique est froid et sec ; les affaires des sociétés humaines sont grandes et s'emparent puissamment de la pensée ; mais elles ne remplissent point l'âme ; elle a des ambitions autres et plus variées, et plus exigeantes que celles des plus ambitieux politiques ; elle veut un bonheur plus intime et plus doux que tous les travaux et tous les triomphes de l'activité et de la grandeur sociale n'en peuvent donner. Ce que je sais, aujourd'hui, au terme de ma course, je l'ai senti quand elle commençait et tant qu'elle a duré ; même au milieu des grandes affaires, les affections tendres sont le fond de la vie ; et la plus glorieuse n'a que des joies superficielles et incomplètes si elle est étrangère au bonheur de la famille et de l'intimité. » (M. III, 50 à 51.)

Peu de temps après la mort de son fils, Guizot,

accusé, dans un débat public à la Chambre des députés, de se cramponner au pouvoir, ripostait par ce cri d'une âme blessée au plus intime de ses sentiments :

« Plusieurs fois déjà en ma vie, j'ai pris et quitté le pouvoir ; et je suis, pour mon compte, pour mon compte personnel, profondément indifférent à ces vicissitudes de la fortune politique. Je n'y mets d'intérêt que l'intérêt public, l'intérêt de la cause à laquelle j'appartiens. Vous pouvez m'en croire, Messieurs : il a plu à Dieu de me faire connaître des joies et des douleurs qui laissent l'âme bien froide à tout autre plaisir et à tout autre mal. » (M. IV, 232.)

Il fut donné à cet homme de goûter, jusqu'à l'extrême limite permise à l'homme, la douceur de s'entendre dire : « mon fils. » Il avait plus de soixante ans quand il perdit sa mère. La noble femme qui avait dirigé son enfance vers le bien et le travail assista à tous ses triomphes, consola ses douleurs et lui garda un foyer. Elle mourut quelques semaines trop tard, au mois de mars 1848, sur la terre étrangère, mais dans les bras de son fils. Les contemporains la représentent paisible et bonne, aimable, avec son petit bonnet et une fleur piquée d'une grande épingle. (1) Elle avait été pendant soixante années pour son fils la règle vivante, l'exemple, l'autorité.

Mélange de grandes joies et de cruelles douleurs, la vie domestique devait être pour Guizot,

____

(1) Doudan, Lettres, I, 288.

avant comme après 1848, un principe de consolation et d'énergie. Par un heureux privilège de cette âme, pacifiée par un sens droit et une volonté forte, le bonheur y laissait plus de joies en réserve que le malheur n'y amassait d'amertume. Aussi Guizot ne fut-il, à aucune heure, de ceux que l'adversité désespère ou aigrit.

« Je ne suis pas de l'avis de Dante :

> Nessun maggior dolore
> Che ricordarsi del tempo felice
> Nella miseria (1).

Un grand bonheur est, au contraire, à mon sens, une lumière dont le reflet se prolonge sur les espaces même qu'elle n'éclaire plus. Quand Dieu et le temps ont apaisé les violents soulèvements de l'âme contre le malheur, elle s'arrête et se complaît encore à contempler dans le passé les biens charmants qu'elle a perdus. » (M. II, 75.)

III

Peu d'hommes ont écrit plus que Guizot. M. Jules Simon, prononçant son éloge à l'Académie des sciences morales et politiques (2), a pu dire en toute vérité : « Si je faisais placer devant moi tous les livres auxquels M. Guizot a attaché son nom, cette tribune disparaîtrait à vos yeux. »

(1) « Il n'y a point de douleur plus amère que de se rappeler le temps heureux quand on est dans le malheur. »
(2) Le 10 nov. 1883.

La variété des sujets traités le dispute au nombre. Avant de suivre son penchant décidé pour l'histoire, Guizot exerça son talent dans les genres les plus divers ; et dans le dernier quart de sa vie, il partagea ses loisirs entre les questions historiques et les problèmes de religion et de morale. La poésie exceptée, il a touché à tout : philologie, critique littéraire, critique d'art, pédagogie, histoire philosophique, publication de textes, traductions, commentaires, polémique, biographie, roman historique, morale et religion (1). S'il n'avait été un historien de premier ordre, et si l'éclat de ses mérites dans ce genre ne faisait pâlir ses autres titres, la postérité l'eût mis avec justice à son rang, parmi les polygraphes. Professeur, il compte parmi les plus illustres ; la gloire l'avait visité dans sa chaire même ; son enseignement seul eût sauvé son nom de l'oubli.

Mais si, à travers les manifestations multiples de cette activité de plus de soixante années, on cherche l'idée ou la passion maîtresse de cette vie, le principe de son unité, où le trouvera-t-on ? Dans l'amour des lettres, l'enseignement ou la

(1) Nous donnons ici, en les rapportant aux genres indiqués, le titre des principales œuvres de Guizot.

    Philologie. — *Dictionnaire des synonymes français* (1809).

    Critique littéraire. — *Vie des poëtes français du siècle de Louis XIV* (1813) ; rééditée, avec changements, sous le titre : *Corneille et son temps* (1852).

    Critique d'art. — *De l'état des beaux-arts en France* (1810).

    Pédagogie. — *Annales de l'éducation* (1812 à 1815).

    Histoire. — *Histoire du gouvernement représentatif* (1821-22) ; — *Essai sur l'histoire de France de Mably* (1823) ; — *Essais*

politique ? La réponse n'est point douteuse. Guizot voulut être et fut avant tout un homme politique. Le reste ne fut à ses yeux qu'un exercice, une consolation ou un accident. Il s'est appelé lui-même un jour *homme de lettres,* comme s'il n'eût voulu être que cela ; mais il parlait alors pour la première fois devant l'Académie française, et sa reconnaissance lui a fait illusion (1).

sur *l'histoire de France du* v^e *au* x^e *siècle* (1823) ; — *Histoire de la Révolution d'Angleterre* (1827) ; — *Histoire générale de la civilisation en Europe* ; — *Histoire de la civilisation en France* (1828-30) ; — *République d'Angleterre* ; *Olivier Cromwell* ; — *Protectorat de Richard Cromwell* ; — *Monk* ; — *Histoire de France racontée à mes enfants* ; — *Mémoires pour servir à l'histoire de mon temps.*

Publication de textes. — *Mémoires relatifs à la Révolution d'Angleterre* ; — *Collection de mémoires relatifs à l'histoire de France* ; — *Vie, correspondance et écrits de Washington.*

Traductions. — *L'Espagne en* 1808, de Rehfues, trad. de l'allemand ; — Revision de la traduction de *Shakespeare,* par Letourneur (1821).

Commentaires. — *Histoire de la décadence et de la chute de l'empire romain* de Gibbon (1812) ; — Edition annotée des *Œuvres de Rollin* (1821).

Polémique. — *Du gouvernement de la France depuis la Restauration et du ministère actuel* (1820) ; — *Des conspirations et de la justice politique* (1821) ; — *Des moyens de gouvernement et d'opposition dans l'état actuel de la France* (1821) ; — *De la peine de mort en matière politique* (1822) ; — *De la démocratie en France* (1849).

Biographie. — *Notice sur Calvin* ; — *Guillaume le Conquérant* ; — *Edouard III,* etc.

Roman historique. — *L'amour dans le mariage* (1855).

Morale et religion. — *Méditations et études morales* (1852) ; — *Méditations sur l'essence de la religion chrétienne* (1865) ; — *Mélanges sur l'état actuel de la religion chrétienne* (1865).

(1) « Quelquefois, m'abandonnant à ces espérances qui charment la vie d'un homme de lettres... » — C'est la première phrase de son discours de réception à l'Académie française (22 décembre 1836).

On ne saurait se méprendre à l'accent de certaines paroles :

« J'aime cette vie et ce spectacle (*l'agitation des pays libres*) ; cela vaut la peine de vivre ; si peu de choses méritent qu'on en dise autant ! »

— « C'est l'attrait et le péril de la vie publique que les intérêts qui s'y agitent sont si grands et si pressants que tout s'abaisse et s'efface devant leur empire ; la paix ou la guerre à décider, des lois à donner aux nations, leur prospérité ou leur gloire à assurer ou à compromettre, ces nobles travaux absorbent toute l'âme, et portent si haut la pensée que tout ce qui se passe au-dessous lui semble insignifiant ou lui devient indifférent auprès de l'œuvre supérieure qu'elle poursuit. » (M. VI, 6.)

Avant de contracter son second mariage, Guizot demandait un jour à celle qu'il devait épouser si elle ne serait jamais effrayée des vicissitudes de sa destinée. Mlle Dillon lui répondit qu'il pouvait être tranquille, « qu'elle jouirait passionnément de ses succès, et n'aurait pas un soupir pour ses revers ». C'était bien la femme qui convenait à ce grand lutteur. Cette réponse, qui permettait à Guizot de s'abandonner sans réserve à son penchant le plus décidé, lui causa une joie profonde.

« Je vois encore ses yeux briller sur moi, écrivait plus tard Mme Elisa Guizot, en m'entendant lui répondre. » (M. III, 54.)

A cette époque pourtant, Guizot n'avait pas encore goûté le charme de la vie publique dans

sa pure essence ; il ne connaissait des affaires que
l'administration, c'est-à-dire le maniement en
sous-ordre des hommes et des choses, sans l'initiative visible et la responsabilité déclarée. Il ne
devait être député et ministre que deux ans plus
tard. Même ainsi limitée, l'activité politique le
passionnait et lui paraissait un motif suffisant
de vivre.

Dès le premier jour en effet, il s'était laissé
prendre à la politique par ce qu'elle peut offrir de
plus noble, par les principes. L'esprit tout entier
se laisse enlacer par ces invisibles et tout-puissants liens que rien ne saurait rompre. Celui qui
n'aime de la politique que les grossières satisfactions de la vanité, du plaisir, du commande-
ment, est certes difficile à guérir ; on le ramène
malaisément à la modestie des conditions
moyennes du troupeau humain; pourtant il n'est
pas sans exemple que de multiples disgrâces ne
découragent ces ambitions grossières et ne leur
fassent préférer, un certain jour, l'inaction,
l'oubli et l'impuissance.

A celui que la politique prend par les pures et
nobles conceptions de la pensée, toute voie de
retour est fermée. Les mesquineries de la personnalité disparaissent ; le pouvoir n'étant plus re-
cherché pour les jouissances qu'il donne, s'élève
à une sublime hauteur, parce qu'il est la source
d'où le bien peut descendre pour les générations
d'hommes. En le souhaitant, on sert l'idée que

l'on veut faire triompher ; c'est elle-même, elle surtout que l'on avance en s'avançant. L'égoïsme se voile des préoccupations de l'intérêt public ; l'infirmité de la personne disparaît devant la grandeur du but à atteindre.

Vainqueur ou vaincu, l'absorption de l'être entier par l'idée n'est pas moins complète ; l'obsession fatale est devenue un démon familier et implacable. Vainqueur, on doit aller jusqu'au bout pour réaliser son œuvre ; vaincu, tenter de nouveau l'escalade du pouvoir qui seul permet le triomphe de l'idée. Aussi les politiques de principe sont-ils, de tous, les plus complètement possédés. La noblesse de leurs intentions est une excuse à la violence de leurs désirs ; ils ont déjà l'ambition de leurs théories à un âge où la vie publique est encore fermée à la plupart des hommes ; et comme, au cours des ans, l'esprit s'use moins vite que l'énergie du vouloir, ce goût des choses de la politique survit jusqu'à la fin à la vulgaire ambition elle-même, comme le dernier vestige de leur personnalité, la lueur suprême de leur intelligence. Guizot lui-même l'a dit quelque part :

« On ne se sépare pas de son intime et longue pensée. » (M. IV, 312.)

Dans ce mélange qui est l'homme, l'excellent est voisin du pire. Chez ceux même que l'idée préoccupe avant toute chose, la fermentation des passions a son heure, et nul n'est complètement pur de toute souillure de l'intérêt. Quand il fait un retour vers la seule période de sa vie où la politique d'intrigues, dans la chaleur de la lutte, déshonora son propre système, Guizot en fait humblement l'aveu :

« Que des sentiments **personnels** se fussent mêlés à ces vues d'intérêt public, je connais trop les faiblesses humaines, y compris les **miennes**, pour le contester. La personnalité est habile à se glisser au sein du patriotisme le plus sincère. Même pour les plus honnêtes gens, la politique n'est pas une œuvre de saints. » (M. IV, 286-287.)

Malgré cette défaillance avouée, et mainte autre sans doute tenue secrète, Guizot n'en reste pas moins un exemple de ces hommes au caractère fier et à la raison passionnée que la politique prend par la tête. Tout jeune encore, c'est au nom du droit et de la liberté qu'il condamne l'Empire. Il se trompe quand il dit :

« Ce n'est pas que je fusse, à cette époque, très préoccupé de la politique. » (M. I., 5.)

Il vivait dans la société de l'opposition ; opposition toute intellectuelle, d'autant plus vive et générale que, ne songeant point à passer aux actes, elle ne se limitait pas et gardait sa liberté d'allures.

« Pure opposition de pensée et de conversation, sans
dessein précis, sans passion efficace, grave pour la longue vue du philosophe, mais indifférente à l'action du
politique, et disposée à se contenter longtemps encore de
l'indépendance des idées et des paroles dans l'inaction
de la vie. » (M. I, 17.)

Tenir son esprit dans une habitude d'opposition, fût-elle théorique, refuser l'adhésion de sa
pensée à un régime que l'on condamne, parce
qu'on le croit incapable de fonder « le bonheur
ou la grandeur durable de la France, » si ce n'est
point encore de la politique, c'en est du moins
comme la veillée des armes.

Quand de puissants amis s'entremirent pour
ouvrir à Guizot les rangs de l'administration impériale, il n'accueillit pas « sans quelque trouble »
cette proposition. Mis à l'essai, au ministère des
affaires étrangères, et « chargé de rédiger un
mémoire sur une question dont l'Empereur était
ou voulait paraître préoccupé, l'échange des prisonniers français détenus en Angleterre contre
les prisonniers anglais retenus en France, » Guizot
ne put échapper à la tyrannie de son propre
esprit. S'élevant du fait aux principes, préoccupé
de satisfaire le droit des gens et non le caprice du
maître, il remit au duc de Bassano un long mémoire qui concluait à des concessions mutuelles.
Jamais il n'entendit parler ni de son mémoire, ni
de sa nomination. On trouverait aisément, en tout

temps, dans tous les ministères, des surnumé-
raires plus souples et mieux avisés.

Appelé à la Sorbonne par le libre choix de Fontanes, alors Grand Maître de l'Université, ami des
lettres et bon juge des mérites littéraires, Guizot
accepte son rôle de professeur comme une haute
tâche de probité intellectuelle, et de travail désintéressé, non comme une fonction de gouvernement. Il réserve ses sentiments politiques, refuse
de mêler la politique à la science. Fontanes ne
peut obtenir de lui qu'il mette dans son discours
d'ouverture une ou deux phrases à l'éloge de
l'Empereur : « Faites comme vous voudrez, dit
enfin Fontanes, avec un mélange visible d'estime
et d'embarras ; si on se plaint de vous, on s'en
prendra à moi ; je vous défendrai, vous et moi,
comme je pourrai. »

On n'est pas si décidé dans une opinion politique, même négative, sans aimer passionnément
les choses de la politique, et sans y être propre.
Ce fut l'avis de Royer-Collard, qui, à la fin de
mars 1814, rappelait en toute hâte Guizot de
Nîmes, le présentait à l'abbé de Montesquiou,
ministre de l'intérieur de la première Restauration, et le faisait nommer secrétaire général de ce
ministère. Ce fut la première étape de la carrière
politique de Guizot.

De ce jour, on peut dire que les grandes questions de la politique furent comme la trame de ses
pensées. Il exerça, dès qu'il parut, sur son chef

immédiat lui-même, une action réelle ; il fit la
conquête de l'abbé de Montesquiou qui lui donna
son entière confiance. On en prit même ombrage
dans la coterie intime du ministre, et une petite
cabale se forma. L'abbé ministre creva d'un mot
ce nuage : « Croyez-vous donc que je veux le faire
Pape ? » Il eût volontiers laissé prendre à son
jeune secrétaire général une bonne part de son
pouvoir, et dans trois circonstances importantes,
Guizot intervint avec succès.

Il fit proposer au Roi de mettre sous les yeux
de la Chambre un exposé de la situation dans laquelle, à l'intérieur, il avait trouvé la France ;
constatant ainsi les résultats du régime précédent
et faisant pressentir l'esprit du nouveau règne.
L'idée plut au Roi et au ministre ; Guizot fut chargé de rédiger ce document. Les gens de sens y
louèrent l'esprit libéral, le sentiment moral et
l'absence de « toute charlatanerie », qui en
faisaient une œuvre forte et vraie : mérites insuf-
fisants toutefois pour un public accoutumé au
fracas éblouissant du pouvoir qui venait de tomber.

Guizot prit aussi une part active à la préparation du projet du Roi sur la presse du 21 octobre
1814. Ce projet devait, dans sa pensée, donner
une égale satisfaction à la théorie et aux nécessités
pratiques du moment ; consacrer législativement
la liberté de la presse comme droit général et permanent du pays, et lui imposer, au lendemain

d'une grande révolution et d'un long despotisme, quelques restrictions limitées et temporaires.

Enfin il fit le premier apprentissage de son futur ministère de l'Instruction publique, en proposant une réforme générale du système universitaire impérial. Ce fut l'ordonnance royale du 17 février 1815. Deux idées avaient inspiré cette réforme : la première, le désir de créer hors de Paris, dans les départements, de grands foyers d'étude et d'activité intellectuelle ; la seconde, le dessein d'abolir le pouvoir absolu qui, dans l'Université impériale, disposait seul, soit de l'administration des établissements, soit du sort des maîtres.

L'abbé de Montesquiou reconnaissait avec une aimable franchise les services de Guizot, quand il lui écrivait, peu de jours après la chute de Louis XVIII :

« (A mon âge) on ne peut que montrer au public les objets dignes de sa confiance ; et je me félicite de lui avoir laissé un souvenir de vous qui ne doit point s'effacer. » (*Lettre du 31 mars 1815.*)

Pendant les Cent jours, Guizot reprit son cours à la Faculté des lettres ; mais la politique allait le ressaisir. Dans le petit groupe de royalistes constitutionnels dont Royer-Collard était le centre, on suivait avec une attention passionnée les mouvements de l'opinion publique. L'heure vint où la chute de Napoléon ne parut plus qu'une

question de jours ; il s'agissait, au terme de cette
terrible lutte entre l'étranger et l'Empire dont la
France était l'enjeu, de ménager à la patrie un
gouvernement régulier au dedans, la paix au dehors et un rang digne d'elle dans l'ordre européen.
On résolut d'éclairer Louis XVIII, alors retiré à
Gand, sur les nécessités d'une politique libérale ;
une mission secrète fut jugée nécessaire.

« J'étais, dit Guizot, le plus jeune et le plus disponi-
ble de cette petite réunion. On m'engagea à me charger
de cette mission peu agréable en soi. Je l'acceptai sans
hésiter. » (M. I, 82.)

Sous la seconde Restauration, Guizot occupa
pendant quelques mois le poste de secrétaire général au ministère de la justice. Il se retira au
mois de mai 1816, avec son ministre M. de Mar-
bois, et entra, comme maître des requêtes en service extraordinaire, au Conseil d'Etat.

« Je craignais que votre goût pour vos premiers travaux ne vous fît abandonner les affaires pour lesquelles
vous avez montré une si heureuse facilité. » (*Lettre du
8 juin* 1816.)

Cette crainte, délicatement exprimée par l'abbé
de Montesquiou, était une illusion de l'amitié. En
fait, la Sorbonne n'apparaît alors à Guizot que
comme un noble et paisible refuge où il se repose, par d'autres travaux, des agitations de la
politique, où il se console de ses mécomptes. Il

oublie le chemin de la montagne sacrée aussi longtemps que les ministères lui sont ouverts ; c'est
l'opinion de ses amis qu'il n'est plus professeur
que par accident ; c'est aussi leur désir qu'il se
donne tout entier aux affaires.

« Que mon exemple vous profite un jour, lui écrit
l'abbé de Montesquiou. Donnez aux affaires le temps de
la force, et non pas celui qui ne laisse plus que le besoin
du repos ; l'intervalle est assez grand à votre âge pour
que vous puissiez vous faire beaucoup d'honneur. » (*Lettre
du 31 mars 1814.*)

« Vous ne renoncez point aux affaires. Je suis fort
aise d'être rassuré sur ce point ; nous ne sommes pas assez riches (en hommes) pour faire des sacrifices. J'abandonne le reste aux caprices du sort qui ne peut être rigoureux pour vous. Vous serez distingué au Conseil d'E-
tat comme vous l'avez été partout, et rien ne peut faire
qu'étant plus connu, votre carrière n'en soit pas plus
brillante et plus assurée. La jeunesse qui sent ses forces
doit toujours dire comme le cardinal de Bernis : « Mon-
seigneur, j'attendrai. » (*Lettre du 8 juin 1816.*)

Montesquiou ne se trompait pas. Dans ses nouvelles fonctions, Guizot ne se laissa point oublier.
Publiciste, il défendit contre M. de Vitrolles le
principe des institutions constitutionnelles par sa
brochure : *Du Gouvernement représentatif et de
l'état actuel de la France.* Maître des requêtes et
conseiller d'Etat, il prit part à l'élaboration de la
célèbre loi électorale du 3 février 1817, à la loi
sur le recrutement de l'armée, aux lois qui abo-

lirent la censure et confièrent au jury le jugement des procès de presse. Nommé par M. Decazes, en 1819, directeur général de l'administration communale et départementale, il revenait à l'action, lorsque le triomphe de l'ultra-royalisme, après l'assassinat du duc de Berry, l'arrêta en plein mouvement d'ascension. Il alla au-devant de la disgrâce (juillet 1820) en se solidarisant avec tous les membres du parti doctrinaire, ses aînés et ses protecteurs : Royer-Collard, Camille Jourdan, Barante. Le garde des sceaux, M. de Serre, en annonçant à Guizot sa révocation, lui écrivait :

« Vous jugerez combien cette mesure m'est particulièrement pénible. Mes sentiments pour vous me font vous exprimer le désir que vous vous réserviez pour l'avenir, et que vous ne compromettiez point par de fausses démarches des talents qui peuvent encore servir utilement le roi et le pays. » (17 *juillet* 1820.)

Guizot lui répondit le jour même :

« J'attendais votre lettre, j'avais dû la prévoir et je l'avais prévue, quand j'ai manifesté hautement ma désapprobation des actes et des discours du ministère. Je me félicite de n'avoir rien à changer à ma conduite. Demain comme hier, je n'appartiendrai qu'à moi-même, et je m'appartiendrai tout entier. »

Il devait s'appartenir dix années. Cette période de prétendue retraite politique correspond à la plus intense activité littéraire de Guizot ; elle est marquée par ses plus éclatants succès d'enseignement. Il reprit son cours à la fin de 1820, et le continua jusqu'au jour où M. de Frayssinous le suspendit (12 octobre 1822). Eloigné de sa chaire pendant près de six ans, il remplit ces laborieuses années par la publication des *Mémoires relatifs à l'histoire de la Révolution d'Angleterre*, et les *Mémoires relatifs à l'histoire de France* ; monument grandiose de cinquante-sept volumes. Il donnait en outre les deux premiers volumes de son *Histoire de la Révolution d'Angleterre* (1827), sans compter de moindres œuvres, dans lesquelles il trouvait un délassement par la variété. En 1828, il reparut dans sa chaire de la Sorbonne et mit le sceau à sa réputation de professeur.

A considérer cependant le titre que donne Guizot à cette partie de sa vie dans ses *Mémoires*, un doute vient à l'esprit. S'était-il donné, sans esprit de retour, aux lettres et à l'enseignement ? Non sans doute. « 1820-1830. Mon opposition ». Et ce titre est exact. Ces occupations si diverses, et d'un caractère si haut, ne sont que la distraction d'un politique en disponibilité, l'exercice de ses facultés par un noble labeur, l'épreuve de son système par la vérification expérimentale de l'histoire. Quand le gouvernement suspend son cours, il ne peut se tenir de dire :

« Je regrette un peu cette petite tribune, d'où j'exerçais encore quelque action directe sur des hommes qui se mêleront de l'avenir. » (*Lettre à Barante*, 20 octobre 1822.)

C'est en vain qu'au premier moment, il éprouve

« Un sentiment de bien-être, mêlé à son regret (de la vie publique), comme un homme qui passe d'une atmosphère chaude et excitante dans un air léger et rafraichissant. » (M. I, 291.)

Il revient vite à son intime pensée. Il ne peut agir ; mais il songe à diriger le mouvement des esprits ; et, pour cela, il faut deux choses : des praticiens dans les Chambres ; des philosophes et des « régénérateurs » auprès du public ; parlant aux uns blés et impôts ; aux autres, principes. Il sera de ceux-ci, convaincu qu'il y a là « des moyens de force pour l'avenir (1). »

La préparation de ces belles leçons d'histoire, qui auraient suffi à la renommée de tout autre, ne tenait pas dans sa laborieuse existence la principale place :

« Je vais commencer sérieusement à préparer mon cours ; j'espère qu'il ne me donnera pas beaucoup de peine ; il le faut ; car j'ai peu de temps. » (*Lettre à Mme Pauline Guizot*, 1821.)

A peine sorti du Conseil d'Etat, il se retire à la *Maisonnette* pour s'y recueillir et méditer ses leçons du prochain automne. Mais aussitôt l'envie lui

(1) *Lettre à Barante*, 16 décembre 1833.

3*

vient de dire tout haut ce qu'il pense du nouveau
régime de la France, de ce qu'il est depuis 1814,
de ce qu'il doit être pour tenir sa parole et atteindre son but.

« C'était pour moi le seul moyen d'entrer en personne
dans l'arène politique et d'y marquer un peu ma
place. » (M. I, 294.)

De cette pensée sortit le livre : *Du gouvernement
de la France depuis la Restauration et du ministère
actuel* (1820).

L'esprit d'opposition avait inspiré ces pages ;
il était opportun de prouver que l'auteur n'avait
pas dépouillé tout esprit de gouvernement. Il y
avait dans la Charte les moyens essentiels de gouvernement régulier et d'opposition efficace que
pouvaient souhaiter les amis sincères du pouvoir
et de la liberté. Telle fut la thèse soutenue, en
1821, dans le livre : *Des moyens de gouvernement
et d'opposition dans l'état actuel de la France.*

Le spectacle des nombreux complots politiques
où s'usait la passion des libéraux et la répression
souvent sanglante qui en était la suite, amenèrent
Guizot à la conviction que rien n'affaiblit et ne dés-
honore un régime comme la fréquence des procès et
des exécutions politiques. En 1821 et 1822, deux
écrits précisèrent sur ce point sa pensée : *Des
conspirations et de la justice politique — De la peine
de mort en matière politique.*

Les hommes d'action ne s'y trompèrent point ;

bien qu'il ne combattit point à leurs côtés, et avec les mêmes armes, Guizot était, du fond de sa retraite, un allié décidé. « Vous gagnez sans nous des batailles pour nous, » lui disait le général Foy, en 1820, après l'apparition du premier de ses traités politiques.

Quand il ouvre son cours, le 7 décembre 1820, il n'a garde de prendre pour sujet une de ces questions mortes, sans lien avec le présent, dont l'intérêt est évaporé et l'action perdue dans un lointain de plusieurs siècles. Il est « décidé à user des deux moyens d'influence qui s'offrent à lui, l'enseignement public et la presse » ; il s'interdit avec une sévère dignité toutes ces allusions aux choses du jour qui diminuent l'autorité du professeur ; il se renferme scrupuleusement dans le domaine des faits anciens et des idées générales.

Mais sa pensée portait plus loin que lui-même ne le laisse entendre ; et les contemporains ne s'y trompèrent pas. Quand il passait en revue les grandes expériences d'organisation sociale des temps passés, et qu'il suivait la fortune de principes tels que la souveraineté du peuple et le droit divin, la monarchie et la république, l'aristocratie et la démocratie, l'unité ou la division des pouvoirs, il ne pouvait supprimer le rapport de ces hautes questions avec le temps présent ; si l'allusion n'était ni dans sa parole, ni dans le tour de sa pensée, elle était dans la logique même des

choses. Il agissait ainsi sur un public dont il
réglait l'ardeur, et qu'il formait par le spectacle
de la lenteur des mouvements historiques, à une
opposition patiente et légale. C'était encore une
forme de la politique.

Pendant ses six années de silence, l'ardeur de
Guizot se retrempa dans une intensité de labeur
surprenante. Il savourait, en vaillant qu'il était,
les joies austères de cet effort sans rémission.

« J'ai repris tous mes travaux ; et à présent le temps
manque à ma force, presque autant que ma force à mon
désir. C'est le meilleur état où l'homme puisse se trouver
ici-bas. » (*Lettre à Rémusat*, 28 juillet 1825.)

Il nous livre d'ailleurs lui-même le secret de
ses pensées :

« Mon cours fermé, toute influence politique un peu
prochaine me devenait impossible. Pour lutter, hors de
l'enceinte des Chambres, contre le système qui prévalait,
il fallait ou conspirer, ou descendre à une opposition aveugle, taquine et vaine. Ni l'une ni l'autre conduite ne me
convenait ; je renonçai complètement aux luttes de parti,
même philosophiques et abstraites, *pour chercher ailleurs des moyens de servir encore ma cause dans les esprits
et dans l'avenir.*

« Ce qu'il y a de plus difficile, et pourtant de plus nécessaire dans la vie publique, c'est de savoir, à certains
moments, se résigner à l'immobilité sans renoncer au
succès, et attendre sans désespérer, quoique sans agir.

« Ce fut à cette époque que je m'adonnai sérieusement à l'étude de l'Angleterre, de ses institutions et des
longues luttes qui les ont fondées. *Passionnément préoc-*

cupé de l'avenir politique de ma patrie, je voulais savoir avec précision à travers quelles vérités et quelles erreurs, par quels efforts persévérants et quelles transactions prudentes un grand peuple avait réussi à conquérir et à conserver un gouvernement libre. » (M. I, 317-318.)

Il y a donc, à travers les vicissitudes de cette existence et dans l'extrême variété de ces travaux, un principe d'unité : la pensée politique. Non certes l'obsession avilissante d'une ambition vulgaire ; mais quelque chose de haut, de fier, d'arrêté, qui ne permet ni à l'âme de s'amollir dans les satisfactions de l'intérêt, ni à l'esprit de se contenter de systèmes mal étudiés, incomplets ou faux. En 1842, l'auteur du *Livre des orateurs* se croyait en droit d'écrire :

« M. Guizot, ministre ou non, ne vit uniquement que de la vie politique. Il a la force, la résolution, l'obstination, l'expérience d'un homme qui ne songe, à chaque instant de la journée, qu'à la même chose. Pour lui, le pouvoir est une affaire de tempérament presque autant que d'ambition. »

Purifions ces paroles du fiel que Cormenin y a distillé ; elles nous paraissent convenir à la période qui a précédé 1830, comme à la période qui a suivi.

C'est en vain que, par accès, Guizot parle de s'affranchir :

« Je ne veux pas mal parler de la politique, et je n'en pense point mal ; ma vie lui appartiendra probablement beaucoup ; mais mon esprit a quelquefois un inexprimable besoin d'en secouer les chaînes. » (*Lettre à la duchesse de Broglie*, 3 juin 1836.)

Il ne faut voir là qu'une de ces plaintes comme il en échappe à tout homme qui, du fond de sa passion, rêve de liberté. Au vrai, Guizot avait reçu de la nature le tempérament sans lequel la vie publique n'apporterait à l'âme que contusions et meurtrissures. Il l'accepte résolument avec ses conséquences, et, au premier rang, le sacrifice des amitiés que ses chocs ne peuvent manquer de rompre.

« Quel homme, en prenant part aux affaires publiques, n'a été amené plus d'une fois à considérer avec tristesse cette fluctuation des sentiments, des existences, des relations, des liens hasardés sur cette mer orageuse? Vraiment le cours du monde nous en offre chaque jour le pénible spectacle ; quand une nouvelle épreuve de ce peu de solidité des choses les plus sérieuses vient saisir l'âme et la pousse à se replier sur elle-même, elle n'est plus tentée d'abord que de s'affliger et de déplorer avec Bossuet ces *volontés changeantes*, et cette *illusion des amitiés de la terre qui s'en vont avec les années et les intérêts.* Cependant, lorsqu'elle échappe à ce premier trouble et se relève de son propre mal ; lorsqu'elle reporte sa vue sur les causes innombrables de nos erreurs et la faiblesse de notre nature ; tant de convictions opposées et sincères, tant de conduites pures et ennemies, tant d'hommes engagés par l'arrêt du sort, ou sur la foi d'une idée à s'ignorer mutuellement, à se combattre, à se détruire ; et, au milieu de ces naufrages individuels, dans cette éternelle mobilité pleine d'une éternelle incertitude, la droiture du cœur conservant seule, mais conservant toujours ses droits à l'estime ;... alors, si elle ne se console, l'âme se rassure ; elle reconnaît notre condition, apprend la justice sans abandonner ses croyances, et se décide à poursuivre dans l'obéissance à ce qu'elle juge la vérité, acceptant avec résignation tous les mécomptes, même toutes les luttes qu'il plaît à la Providence d'imposer à la bonne foi. » (*Du gouvernement de la France depuis la Restauration*, p. 104.)

Cette page n'est pas de circonstance ou de hasard. A quarante ans d'intervalle, Guizot en reprend les principaux termes pour les enchâsser, presque textuellement, dans ses *Mémoires* (1) ; il n'en fait pas une citation ; car ces termes lui paraissent répondre alors encore à ses sentiments, et il se contente d'en rajeunir la date par une application nouvelle.

Cependant, le temps a fait son œuvre, et l'expérience a tempéré les jugements. Il y a moins de sécheresse dans les sentiments du vieillard que dans ceux de l'homme de trente ans. On cherche en vain dans le premier texte un mot comme celui-ci :

« Je regrette vivement la tristesse de ces séparations. » (M. VI, 6.)

Mais, au fond, le sentiment ne change pas. Il y a même, en plus, comme une absolution générale donnée aux politiques :

(1) VI, 5.

« Ces misères de notre nature ne sont ni plus communes, ni plus puissantes entre les politiques qu'entre les
autres hommes... *La tristesse fut bientôt refoulée et sur-
montée* par l'importance et l'urgence de la cause et du
rôle que j'avais à soutenir. » (M. VI, 6.)

**Plus significatif encore nous semble le passage
où Guizot fait bon marché de certains accommo-
dements avec la conscience, sans lesquels il n'y
aurait pas de politique :**

« Même pour les plus honnêtes gens, la politique n'est
pas une œuvre de saints ; elle a des nécessités, des obs-
curités, que, bon gré mal gré, on accepte en les subissant ; elle suscite des passions, elle amène des occasions
de complaisance pour soi-même auxquelles nul, je crois,
s'il sonde bien son âme après l'épreuve, n'est sûr d'a-
voir complètement échappé ; et *quiconque n'est pas décidé à porter sans trouble le poids de ces complications et
de ces imperfections* inhérentes à la vie publique la plus
droite, *fera bien de se renfermer dans la vie privée et dans
la spéculation pure.* » (M. IV, 287.)

C'est un devoir de rappeler que ce passage a été
écrit à propos de la fâcheuse *Coalition*, et au souvenir de cette défaillance ; il y a dans cet aveu de
l'outrance du plaidoyer. Mais l'aveu n'en reste pas
moins, et le voici dans sa franchise : même agitée,
bouleversée jusque dans ses vases de fond par les
passions humaines, la vie publique garde son prix
et vaut la peine d'être vécue.

Mais, il faut le redire (car c'est notre intime
pensée), les éléments de cette activité politique

furent purs. Il y eut, à l'origine, une profonde
sincérité intellectuelle dans le choix des idées à défendre, un constant mépris des moyens déloyaux,
une ardeur désintéressée dans la lutte.

Deux dispositions naturelles semblaient prédes-
tiner Guizot à la vie publique : l'une de l'ordre
de l'esprit, l'autre du caractère.

Il était profondément convaincu que l'idée
exerce sur les événements humains une action
directrice. Il accordait donc aux idées qu'il croyait
justes, plus qu'une adhésion de l'intelligence seule;
il y donnait le plus complet assentiment de l'intelligence et de la volonté. Croire à l'excellence
sociale d'une idée et ne rien faire pour amener
son triomphe lui semblait une trahison envers
l'humanité et une lâcheté vis-à-vis de soi-même.

Il y avait en Guizot de l'apôtre et du soldat. Sa
philosophie tendait tout entière à l'action ; la
valeur d'un système se traduisait à ses yeux par
son utilité politique ou sociale. Il était convaincu
que rien ne tue plus sûrement une société qu'une
idée politique fausse. Entrevoir une vérité nouvelle, une vérité de l'ordre humain, grosse d'avantages pour une société politique, et lutter pour
son succès (1) : tel est, aux yeux de Guizot, le plus
noble et le plus intense des plaisirs. Il défend
cette vérité, encore méconnue ou mise en péril,
parce que cette vérité lui est chère avant tout, et

_____

(1) *Mémoires.* VI, 11.

que son âme entière est comme intéressée à son triomphe.

Par cette conviction profonde et par une ardeur naturelle du tempérament s'explique ce goût de la lutte, qui est un des éléments essentiels de la vie publique, et que Guizot connut à un degré élevé.

« J'ai beaucoup lutté dans ma vie et avec ardeur. » (M. I, 1.)

« La lutte m'attire plus qu'elle ne m'inquiète. » (M. II, 46.)

Une sorte de fatalité intellectuelle tournait donc cet homme, au seuil même de la jeunesse, vers les choses de la politique et la préoccupation des grandes affaires. Quand il y fut engagé, il ne put, ni ne voulut se reprendre. Ce noble souci resta comme le centre de rayonnement de toutes ses pensées, le pivot de toute sa vie

IV

A vouloir dégager le trait saillant du caractère de Guizot, on risque peu de se tromper si l'on met en première ligne la vigueur de la personnalité. Un jour, chez Fontanes, dans un repas familier à la campagne, la conversation s'engagea sur les poètes latins et leurs commentateurs. Guizot vanta les mérites de la grande édition de

Virgile, du professeur de Gœttingue, Heyne ; Fontanes tenait pour le père La Rue, auquel il sacrifiait sans merci tous les érudits allemands. Guizot se fit le défenseur de la science d'outre-Rhin ; il disputa avec toute la passion de la jeunesse, et ne semblait pas près d'abandonner la partie aussi longtemps qu'il trouverait devant lui un adversaire. Fontanes baissa pavillon, et se tournant vers son voisin de table : « Ces protestants, dit-il tout haut en souriant, on ne les fait jamais céder. »

Qu'il l'ait due, ou non, à son origine calviniste et au tour de pensées familier à son parti, Guizot garda toute sa vie cette rigidité du caractère et cette fermeté dans le vouloir ; il fut jusqu'au bout le « protestant » de Fontanes.

Mais il faut adoucir, sans retard, ce trait de caractère et tempérer cette rigueur en l'expliquant. Passionné pour la raison et la vérité, Guizot manquait de cette largeur d'esprit qui permet de voir, par intervalle, combien la raison est fragile et la vérité incertaine. Dans le monde infini des idées, il ne va pas au hasard, en curieux et en dilettante, au risque de s'égarer ; préoccupé du but à atteindre, et soucieux de jalonner sa route, il la marque de principes. Il ne sort jamais de l'avenue froide et droite que sa volonté s'est tracée. Peu de sentiers, point d'ombre, point de mystères ; aucune fantaisie ne le tente vers les régions charmantes du doute ou du possible. La voie droite, l'idée claire, ou qui s'offre comme telle ; l'idée simple, parce qu'on l'ébranche de toutes ses pousses : voilà ce qu'aime Guizot.

Ces idées simples, claires, dans lesquelles on voit loin devant soi, où le regard porte sans fatigue et se pose satisfait, si elles s'appliquent au gouvernement de la vie, deviennent la *règle* ; et rien ne contente un esprit bien fait comme la *règle*. Il faut voir de quel ton il parle du contraire de la *règle* et ce que devient sous sa plume le « dérèglement de la pensée. » A propos de Lamennais, il couvre de sa pitié ces « anges déchus, » qui ont eu, eux aussi, comme Lamennais, leur part dans leur chute.

« Ils ont assisté à des spectacles si troublants et si corrupteurs, ils ont vécu au milieu d'un tel *dérèglement de la pensée*, de l'ambition et de la destinée humaines ! ... Pour moi, en contemplant ces quelques hommes rares, mes illustres et funestes contemporains, je ressens plus de tristesse que de colère, et je demande grâce pour eux, au moment même où je ne puis m'empêcher de prononcer dans mon âme, sur leurs œuvres et leur influence, une sévère condamnation. » (M. III, 83.)

Quand il juge son temps, quels sont ses griefs contre lui ?

« Notre temps est atteint d'un mal déplorable ; il ne croit à la passion qu'accompagnée du *dérèglement ;...* *toute règle* est à ses yeux un joug qui paralyse, toute soumission une servitude. » (*L'amour dans le mariage,* p. 90.)

Ce qu'il loue le plus volontiers chez un homme,

c'est de mériter de devenir un des « guides les plus sévères » de sa génération (1). Trouver la vérité et la servir, voilà l'honneur suprême.

« Le plus bel honneur que je puisse obtenir, à mes propres yeux, serait de prêter par mon nom quelque force à la vérité ; un homme est si peu de chose, qu'il n'a plus grand'chose à prétendre, quand il est parvenu à entrer, de sa personne, pour une part dans le succès de la vérité. » (*Lettre à M*me *Pauline Guizot*, 1821.)

Ce ministère de vérité que Guizot regarde comme la plus haute application de l'homme, réclame des caractères fiers et des volontés fermes ; il entretient par l'exercice cette fierté et cette énergie, et il y ajoute. L'indépendance du caractère est une indispensable garantie de la liberté de l'esprit.

« Dire au public et au pouvoir ce qu'on juge la vérité, c'est, dans tous les temps, un devoir de l'honnête homme... (Dans un gouvernement libre) les hommes ne se vouent point aux hommes ; ils se rangent sous la bannière de certains principes et de certains intérêts généraux qu'ils ne doivent pas cesser de défendre... Si, en entrant dans les affaires, j'avais dû contracter l'obligation de parler ou de me taire au gré d'un ministre, j'y serais demeuré constamment étranger. (*Du gouvernement de la France*... Préface.)

Le courage, sans lequel les dons les plus heu-

(1) *Mémoires*, III, 82.

reux de l'esprit seraient stériles, n'a jamais manqué à Guizot; il en a donné les preuves les plus éclatantes et de la forme la plus rare. Il a toujours revendiqué tout entière la responsabilité de ses actes et n'a jamais cherché « à se soustraire au fardeau de ses œuvres. » Jusqu'à la fin, il garde cette fière attitude. S'il publie ses *Mémoires* de son vivant, c'est qu'il trouve plus de dignité à parler, tant qu'il peut encore répondre de ses paroles.

« Voulant parler de mon temps et de ma propre vie, j'aime mieux le faire du bord que du fond de la tombe... Si des plaintes s'élèvent, on ne dira pas du moins que je n'ai pas voulu les entendre. » (M. I, 2.)

Si la solidité des convictions soutient le courage, le courage à son tour, quand il s'exerce dans des luttes âpres, violentes, nombreuses, mène aisément à une certaine obstination de croyance pleine de périls. On arrive à la lisière fatale où défauts et qualités s'avoisinent et se transforment ; la fermeté devient entêtement et le courage, témérité.

Comme, chez Guizot, l'intention est toujours droite, il s'efforce d'appliquer à ses adversaires la plus complète « équité ». Pour juger leurs actes, il n'oublie pas que « dans les opinions et les conduites les plus diverses, il y a plus de sincérité et plus de désintéressement qu'on ne croit ; que la part de l'erreur est immense, plus

grande que celle des mauvais desseins ; que la
vérité « se brise en fragments épars ; » et que chacun en ramasse un éclat.

Mais, lorsqu'il juge ses propres actes, l'expérience ne lui prête aucune lumière : le démenti
brutal des faits ne lui apporte aucun trouble.
Près de vingt ans après sa chute, il peut écrire :

« Spectateur tranquille du passé comme du présent, je
reste aussi fermement attaché que jadis aux convictions
qui ont dirigé ma conduite. » (M. VIII, 520.)

De ce calme intellectuel, on ne peut donner
qu'une explication : c'est le calme de la certitude,
l'état d'un esprit qui se repose dans la possession
du vrai. Comme la fantaisie, le caprice, l'accident, l'intérêt même, n'ont joué aucun rôle dans
la formation de sa doctrine politique, de sa conception de la vie humaine, comme il croit en
avoir établi les assises sur d'inébranlables principes, les démentis de l'expérience ne lui paraissent que des troubles passagers, indignes et incapables de troubler l'harmonie générale du système. Tel un homme dont les doctrines religieuses sont rigoureusement arrêtées, et dont la
foi plane, hors de toute atteinte, au-dessus des
événements et de leurs redoutables inconsé-
quences.

Fermeté du caractère, raideur du vouloir, servitude volontaire à l'égard du vrai, calme intel-

lectuel né de la conscience où l'on est de le tenir : voilà autant de traits propres à Guizot. Ajoute-rons-nous : mépris de la popularité ? on l'a dit ; mais ceci veut être expliqué.

On a beau être le plus raisonnable des hommes, le sentiment, par intervalles, réclame ses droits ; et pour mettre en jeu toute la machine humaine, il faut quelque chose de plus que des idées abstraites. Vouez votre vie au triomphe de nobles principes, à merveille ! Mais, vous allez à votre but à travers une foule humaine ; vous agissez dans une cohue animée d'êtres semblables à vous, dont la passion est contagieuse, dont l'estime et le mépris ne peuvent manquer d'exalter ou d'affliger votre âme. L'écho des ap-plaudissements ou des outrages retentit inévita-blement en vous ; il ne dépend pas de vous d'en être affecté ; la volonté la plus forte n'intervient que pour régler ces mouvements tumultueux, discipliner ces joies ou ces tristesses produites par le dehors et rendre au jugement une part légi-time de son empire.

Comme il n'est pas d'action sans mobile, il n'est pas de vie publique sans l'attrait de ce noble sen-timent, si curieusement analysé par les anciens, l'amour de la gloire ; et la popularité n'est qu'une forme inférieure, une esquisse, un premier dessin de la gloire.

Quand Lafayette parlait de « cette délicieuse sensation du sourire de la multitude », il découvrait sa faiblesse et laissait deviner qu'il serait aisément l'esclave de cette enchanteresse. Quand Guizot écrit :

« Je connais tout le prix, comme tout le charme, de cette sympathie générale qu'on appelle la popularité. » (M. VII, 3.)

On voit quel abîme sépare ces deux hommes. Où l'un se laisse enivrer, l'autre arrive tout au plus à être ému. Mais cette émotion capiteuse des succès de la vie politique, Guizot l'a connue ; il en a joui, il l'a aimée.

« Ma part de popularité était, dans ce moment (janvier 1830), assez grande, surtout auprès des jeunes gens et des libéraux ardents, mais sincères ; *j'en jouissais.* » (M. I, 347.)

Et à la tribune, dans un de ces moments d'abandon oratoire où l'âme se découvre :

« Ma politique !... J'y ai risqué ce que l'homme peut avoir de plus cher dans la vie publique ; j'y ai risqué la popularité. Elle ne m'a pas été inconnue ; il fut un temps où j'étais populaire ; j'ai vu les applaudissements populaires venir au-devant de moi ; j'en jouissais beaucoup, beaucoup ; c'était une belle et douce émotion ; j'y ai renoncé ;... oui, j'y ai renoncé. » (*Discours à la Chambre des députés*, 5 mai 1837.)

Mais cette popularité « séduisante, charmante, qu'il a connue », ne mérite de satisfaire un homme que s'il y voit une force. C'est une chose précieuse qu'une force, et toujours digne d'être ménagée, si la volonté ne manque pas pour la bien conduire.

Et l'on voit ainsi cet homme, capable comme un autre (on en a reçu l'aveu tout à l'heure) de passions rapides et vives, dépouiller la popularité elle-même de tout son charme passionnel, démasquer ses artifices qui peuvent égarer, amputer tout ce qui en elle est suspect de corruption ; il en garde seulement le principe de force, capable de contenir et de diriger cette foule grossière dont elle émane. Cette volonté saine ne s'abandonne pas longtemps à une émotion qui peut la troubler ; immédiatement après l'ébranlement passager de la passion, il prend l'engagement de maîtriser cette passion même pour s'en bien servir.

« (Cette popularité)... j'en jouissais ; et je me promettais d'en faire un bon usage, quel que fût l'avenir. » (M. I, 348.)

Aussi, à mesure que l'expérience de la vie publique montre à Guizot tout ce qu'il y a dans la foule de mobilité, d'aveuglement, de principes d'erreur, il en vient à ne plus rechercher que l'approbation et l'estime d'une élite ; ce n'est pas seulement là autre chose que la popularité, c'en est la négation même.

« Il y a une autre popularité : c'est la confiance qu'on

inspire aux intérêts sociaux et moraux d'un grand pays. »
(*Discours* du 5 mai 1837.)

Sur cette pente, on glisse aisément de l'indifférence au mépris des hommages de la foule.
Quand la conviction s'est formée que la foule est
un juge corrompu, on se garde mal du dangereux
travers de ne plus jamais rien faire dans le sens
du plus grand nombre ; et l'on prend volontiers
pour mesure de l'excellence de ses actes leur
défaveur même.

Ainsi entendu, le goût de Guizot pour l'impopularité fut peut-être vrai et put passer, dans la
seconde partie de sa carrière politique, pour un
trait de son caractère. Tout était lié dans cet
homme ; il ne voyait de dignité que dans une vie
gouvernée par des principes ; et il ne pouvait
accorder d'action sur lui-même à cette masse igno-
rante, dont les poussées instinctives infligent aux
principes de continuels désaveux.

Marcher sans défaillance vers le but que la
raison a fixé, et l'atteindre, telle est la règle, telle
la récompense.

« L'éloge vaut beaucoup, quand il donne la certitude
du succès. » (M. I, 308.)

Hors de là, l'éloge est inutile et doit rester sans
attraits ; un peu de puérilité s'y mêle toujours ;
la sympathie sans phrases a seule un charme digne et vrai.

Ainsi défendu contre l'opinion de ceux qui n'ont pas autorité pour juger, Guizot ne doit pas connaître cette forme particulière de la faiblesse, qui est la crainte du ridicule.

« Je suis peu sensible au ridicule du dehors, quand le dedans ne l'est pas. » (M. V, 11.)

Même pour ceux qu'ils servent avec un dévouement passionné, de tels hommes ne sont pas toujours des conseillers commodes. Le roi Louis-Philippe eut de la peine à s'accoutumer à ces manières un peu tendues, à ces conditions toujours en avant, à cette opposition du *moi* ministériel au *moi* royal. Lui qui disait de Casimir Périer : « Il m'a donné du mal ; mais j'avais fini par le bien équiter » ; il porta longtemps d'un cou raide le *joug* de Guizot. Le mot est de lui.

« Le roi, me regardant avec un mélange d'humeur et de bienveillance, continua : « J'essayerai avec le maréchal Soult ; si j'échoue, il faudra bien subir votre joug.
— « Ah ! Sire, que le roi me permette de protester contre ce mot ; nous disons franchement au roi ce qui nous paraît bon pour son service ; nous ne pouvons le bien servir que selon notre avis. — Allons, allons, reprit le roi en riant, quand nous ne sommes pas du même avis et qu'il faut que j'adopte le vôtre, cela ressemble bien à ce que je vous dis là. » (M. III, 289.)

Ce n'est point nécessairement par la discussion que des hommes ainsi faits contiennent et écartent leurs adversaires : ils ont en eux cette force

secrète et mystérieuse de l'autorité qui fait autour
d'eux un cercle de respect. Victor Cousin, dont la
tyrannie s'exerçait dans les relations privées
comme dans l'administration, se fût vanté volontiers de ne subir l'ascendant de personne. Deux
ou trois hommes avaient pourtant le privilège de
l'intimider : Royer-Collard, le duc de Broglie, et
surtout Guizot. « Si M. Guizot ouvrait la bouche,
à l'instant M. Cousin s'observait, se contenait,
rassemblait ses forces et très souvent se déro-
bait (1). » Il fallait qu'il y eût autour de lui
comme un rayonnement de force, pour qu'un
despote tel que Cousin en fût réduit à s'effacer et à
disparaître.

L'amour de la certitude, le mépris des hésitations intellectuelles s'associe naturellement à la
passion de l'ordre, et ce fut encore un des traits
de Guizot. Il pardonne beaucoup même à ceux
qu'il n'aime pas, quand ils ont eu le génie de
l'ordre ; tel, Napoléon. Il le qualifie

« d'admirable par son horreur du désordre. » (M. I, 4.)
« Par instinct, comme par réflexion, le désordre m'est
antipathique ;... mon esprit ne se résigne pas à l'inconséquence. » (M. II, 41.)

La réflexion ne fait que fortifier les données de
l'instinct ; c'est la nature elle-même qui a armé
cet esprit contre le désordre. Il lui eût été doux

____

(1) Jules Simon, *Éloge de Mignet.*

de vivre dans une de ces époques où l'histoire a
établi, pour une ou deux générations, le rare équilibre entre les principes et les goûts ; la malignité
de son destin l'a jeté « dans une époque de confusion et d'obscurité morale et sociale » ; il se
trouve n'aimer rien tant que

« l'harmonie et la clarté dans les âmes, comme dans les
sociétés humaines. » (M. I, 304.)

Il est rare que ces natures gouvernées par une
volonté forte et vouées au triomphe d'une idée
aient assez de souplesse pour tout embrasser,
assez de curiosité pour s'intéresser à tout. Ce
qui les passionne par-dessus toutes choses, c'est
l'homme lui-même, c'est-à-dire la précieuse, et
parfois dure matière, sur laquelle ils doivent
agir. L'homme, voilà ce qu'il faut pousser en avant,
ou contenir, toujours diriger et élever : source
d'intenses joies, de nobles désirs, d'incurables
tristesses ; malgré tout, supérieur à tout. Il n'est
pas de spectacle qui ne cède devant ce spectacle ;
l'œil de l'homme qui révèle une âme fait oublier
le monde.

« Les hommes m'intéressent toujours plus que les
choses ; et j'oublie tous les spectacles du monde pour des
yeux qui s'animent en m'écoutant. » (M. V, 125.)

On ne peut pas agir sur la nature ; et c'est pour
cela même que, « toujours égale et inépuisable

dans sa monotonie », elle contraint au repos notre activité découragée, et ménage à l'âme le délassement par excellence. En présence de l'homme au contraire, on éprouve « ce besoin d'aller en avant » qui fait qu'on s'impatiente ou qu'on se lasse devant toute résistance ; où la nature calme, l'homme exalte ; mais

« l'homme est infiniment supérieur à la nature. » (M. I, 293.)

Il faut ajouter à cet ensemble la qualité maîtresse sans laquelle il y aurait outrecuidance à vouloir conduire les hommes : la passion du travail. Guizot fut un grand laborieux. On est confondu de voir tout ce qu'il a fait, écrit, pensé, développé par la parole ; et la continuité de l'effort n'est pas moins admirable que sa puissance. On songe à la dignité de ces paroles de Louis XIV : « Quant au travail, mon fils, c'est par là qu'on règne, pour cela qu'on règne ; il y a de l'ingratitude et de l'audace à l'égard de Dieu, de l'injustice et de la tyrannie à l'égard des hommes de vouloir l'un sans l'autre ».

Guizot se compare quelque part lui-même à un honnête ouvrier qui fait sa journée ; c'est dans l'activité seule qu'il se retrouve et se plaît. Mais, si pleine d'événements que soit sa vie, la préoccupation morale n'en est jamais absente. Dans les petites comme dans les grandes choses, la grande affaire est de garder à la volonté son em-

pire. Un mot qui peint bien cette âme est celui-
ci, que nous relevons dans une lettre intime à sa
vieille mère : « Il faut se dompter, même sur des
misères » (1).

V

On ferait à Guizot un tort infini si on retranchait
de son histoire sa vie privée et la longue période
de recueillement qui suivit sa chute et dura jusqu'à sa mort. Cet homme que ses adversaires politiques voyaient toujours armé d'un dédain su-
perbe, était, dans l'intimité de la vie de famille,
simple, tendre et d'une affection toujours exacte.

L'éloge peut paraître mince ; il est grand, si
l'on songe que dans la distraction de la vie publique et la préoccupation des grandes affaires, il
réserva toujours aux siens une large part de sa
vie. Ministre, il écrivait à ses enfants absents de
longues lettres où l'on pourrait trouver les éléments d'une pédagogie très pratique et très élevée ; on le voit s'intéressant à tout, au redresse-
ment du caractère, à l'emploi du temps, à la
ponctuation même des lettres enfantines. Le
23 juin 1839, il « fait la guerre » à sa fille Henriette sur la ponctuation ; l'enfant, d'esprit très
prompt, écrivait « comme l'eau coule, comme la

______

(1) *Lettres*, recueillies par Mme de Witt, p. 179.

flèche vole ». Le père ne veut pas que toutes les idées exprimées soient « intimement liées les unes aux autres comme des gouttes d'eau ». Il insiste sur les différences, les distances inégales mais réelles qui séparent les idées, et dont la ponctuation est le signe visible.

L'autorité de ces leçons données à distance était grande ; et quelques jours plus tard, l'enfant, ralliée à la théorie des différences à marquer entre les idées, avait soupoudré sa lettre de signes de ponctuation avec plus de zèle que de discrétion. « Ma chère enfant, écrivait le père, tu me trouveras bien contrariant ; mais je t'en prie, ne me jette pas à la tête tant de virgules. Tu m'en accables comme les Romains accablèrent cette pauvre Tatia de leurs boucliers. »

Pendant que ses enfants sont dans la paisible retraite du Val-Richer, l'austère ministre leur conte par le menu les incidents de la vie parisienne capables de les intéresser, la ménagerie de M. Van-Amburg et la « merveilleuse puissance de ce dompteur sur les lions, les tigres et les panthères » ; et tout de suite après cette satisfaction donnée à leur curiosité, le sentiment de la responsabilité du père qui ne trouve pas de telles émotions bonnes pour de jeunes âmes : « Je ne vous mènerai cependant pas voir ce spectacle-là. »

A lire de telles lettres, on penserait volontiers que les soins d'une éducation domestique absorbaient le père et ne lui laissaient pas une heure pour d'autres objets. Son attention est minutieuse et ses recommandations descendent aux infiniment petits, à des choses du moins qui semblent telles à ceux qui ne voient pas dans l'ordre seul, en tant qu'il est l'ordre, un principe de noblesse : « Ne vous servez donc pas d'encre si blanche. Bonne maman a conservé son ancienne habitude de faire de l'encre avec de l'eau ».

Un autre sentiment que la responsabilité paternelle vivifiait la tendresse de Guizot pour les siens : il se sentait seul à porter ce poids que la nature divise sur deux, et il voulait remplacer l'absente dont son cœur garda toujours le deuil. Par là se féminisait quelque peu cette affection profonde, et se tempérait l'austérité d'une éducation toujours élevée vers les sommets par la pensée continuellement présente du devoir.

Dans ces relations qui font à la famille un prolongement au delà de ses frontières naturelles, dans l'amitié, Guizot apporta une sûreté rare ; il en goûta le charme avec le sentiment très profond de ce que vaut un ami éprouvé. Pour n'en citer qu'un exemple, on sait les étroits rapports qui l'unirent au duc de Broglie ; il y a dans le testament de ce dernier une phrase qui honore hautement Guizot.

« Je lègue à mon ami M. Guizot un ouvrage à prendre dans ma bibliothèque de Broglie. Je regarde notre longue amitié comme l'un des biens les plus précieux que Dieu m'ait accordés. »

A la vie de famille, intense et ramassée, comme
Guizot la comprenait et l'aimait, il faut un centre
hors du grand mouvement parisien. Dès les premières années de sa vie politique, Guizot avait
songé à chercher, au milieu de ces populations
normandes qui avaient fait de lui leur représentant, « une habitation qui pût devenir son lieu de
vacance tant qu'il serait engagé dans l'arène, et
de retraite quand il en serait sorti ». En 1836,
l'abbaye et la ferme du Val-Richer, à trois lieues
de Lisieux, furent en vente. Guizot les acheta

« Il ne restait de l'ancien monastère que la maison de
l'abbé, point ancienne elle-même, car elle avait été re-
construite vers le milieu du siècle dernier. L'église atte-
nante à l'abbaye et les bâtiments claustraux qui en dé-
pendaient avaient été détruits pendant la Révolution.
La maison, solide et spacieuse, était au dedans très impar-
faitement terminée et déjà fort délabrée ; des murs, restes
des anciennes constructions, de vieux pommiers plantés
çà et là, des cultures potagères, de petits lavoirs pour les
usages domestiques l'entouraient de toutes parts et jusque sous les fenêtres ; tout avait l'air grossièrement rus-
tique et un peu abandonné. Point de route pour arriver
là ; on n'y pouvait venir qu'à cheval, ou en obtenant de
la complaisance des voisins le passage à travers leurs
champs.

« Mais le lieu me plut ; la maison, située à mi-côte, do-
minait une vallée étroite, solitaire, silencieuse ; point de
village, pas un toit en vue ; des prés très verts, des bois
touffus, semés de grands arbres ; un cours d'eau serpen-
tant dans la vallée ; une source vive et abondante à côté
de la maison même ; un paysage pittoresque sans être
rare, à la fois agreste et riant. Je me promis d'arranger

commodément la maison, d'abattre des murs, de faire des plantations, des pelouses, des talus, des allées, des percées, des massifs, d'obtenir que l'administration ouvrît des chemins dont le pays avait besoin au moins autant que moi, et j'achetai le Val-Richer.

« Ce ne fut pas le seul aspect du lieu qui me plut ; il avait une histoire et de grands noms se mêlaient aux traditions de l'abbaye. Elle avait été fondée vers le milieu du XIIᵉ siècle, d'abord près de Vire, par des donations faites à saint Bernard et à Nivard son frère ; quelques années après, les moines trouvant cette première résidence étroite et malsaine, le monastère, en vertu de nouvelles donations, fut transporté au Val dit de Richer... Thomas, moine de Clairveaux, en fut le premier abbé.

« Lorsque, sept cents ans après, je devins propriétaire de cette terre et de cette maison qui n'avaient plus ni seigneur, ni moines, un vieux paysan me dit un jour : « Si vous voulez, Monsieur, je vous mènerai dans les bois du Val-Richer, à l'endroit où le saint allait faire ses prières. — Quel saint ? lui dis-je. — Ah ! je ne sais pas son nom ; mais il y a eu un saint qui a demeuré au Val-Richer, et qui allait faire ses prières dans le bois, à un endroit dont on se souvient. »

« Je fis des questions à de mieux instruits que mon vieux paysan, et j'appris bientôt, par les plus savants archéologues normands, que le célèbre archevêque de Cantorbéry, Thomas Becket, pendant son exil en France, de 1165 à 1170, était venu à Lisieux et de là au Val-Richer, dont l'abbé Robert Iᵉʳ était de ses amis ; qu'il y avait séjourné plusieurs mois, menant la vie des moines, se livrant aux mêmes travaux comme aux mêmes exercices pieux, et qu'on y avait longtemps conservé les restes des ornements ecclésiastiques sous lesquels il y avait célébré la messe. De tels souvenirs ne pouvaient être indifférents à un historien devenu propriétaire en Normandie ; et ils donnèrent pour moi, à mon établissement au Val-Richer, un petit charme de plus. » (M. IV, 139.)

C'était un des traits de la nature morale de Guizot, d'avoir « horreur de l'oubli, de ce qui passe vite ». Rien ne lui plaisait tant que ce qui porte un air de durée et de longue mémoire.

« Je puis prendre plaisir aux choses agréables du moment et qui fuient sans laisser de traces ; mais le plaisir qu'elles me donnent est petit et fugitif comme elles. J'ai besoin que mes joies soient d'accord avec mes plus sérieux instincts, qu'elles m'inspirent le sentiment de la grandeur et de la durée ; je ne me désaltère et ne me rafraîchis réellement qu'à des sources profondes. » (M. V, 134.)

Le Val-Richer devint ainsi peu à peu un centre familial où l'homme d'Etat trouvait à certaines heures le repos et la détente d'esprit nécessaires, et qui lui ménagea, dans la longue période de la disgrâce, une studieuse retraite. Il en fut séparé par un exil de seize mois après la Révolution de février. Quand il y rentra, en juillet 1849, quelques mois après l'ordonnance de non-lieu qui lui avait rouvert les portes de sa patrie, ce fut pour en faire le sejour préféré et presque continuel, le « tabernacle », posé sur la hauteur où habite la paix.

Guizot a traversé avec un égal honneur la double épreuve, souvent fatale aux caractères médiocres, de la bonne et de la mauvaise fortune. Il

n'est pas inutile, même après un demi-siècle, de
le faire remarquer : ce chef d'un parti flétri par
ses adversaires politiques du nom de parti de la
corruption électorale, fut l'intégrité même ; et le
soupçon ne l'effleura jamais. Dès 1835, il avait fait
comme sa théorie d'économie domestique, et il y
resta fidèle jusqu'à la fin.

« Ma fortune est petite, mais elle est en bon ordre. J'aurais pu bien souvent, pendant que j'ai été dans les affaires, l'augmenter beaucoup, sans manquer à ce que le
monde appelle la probité ; mais en toutes choses, et pour
ma vie privée comme pour ma vie publique, c'est moimême que je consulte et que je crois, et non pas le
monde. *Je n'ai donc jamais voulu d'autre moyen de fortune
que l'ordre.* Je me suis promis une fois pour toutes de ne
jamais tenir compte dans ma vie publique d'aucune considération d'intérêt privé. J'ai agi de la sorte jusqu'à présent, je ne changerai certainement pas... Je pense à mes
affaires, surtout à cause de mes filles, et je suis très décidé à faire pour elles, en ce genre, tout ce qui se pourra
accorder avec la façon d'être et d'agir que j'ai choisie, et
qui me convient telle que je l'ai choisie. Mais je ne dois
rien de plus, pas même à mes enfants ; et en tout cas, je
suis bien sûr que, quand je mourrai, je n'aurai pas fait
tort à leur fortune. » (*Lettre à Mme de Gasparin*, juillet
1835) (1).

« *Je me suis promis une fois pour toutes.* » En
effet, cette terrible volonté ne capitulait jamais,
et au lendemain de la Révolution de février,

____

(1) *Lettres de M. Guizot à sa famille et à ses amis*, p. 145. Hachette.

Guizot connut la gêne, la vie étroite sur le sol étranger. Comme au début de sa carrière, il dut redemander au travail les ressources nécessaires. C'est quelque chose de quitter le pouvoir les mains nettes : les anciens n'ont rien demandé de plus à Aristide pour immortaliser sa mémoire.

Guizot se tenait sur la brèche depuis huit années ; et, à ne voir que le dehors des choses, il paraissait avoir organisé sur tous les points la plus solide défensive. Mais le sol allait tout d'un coup manquer sous ses pas. Il a dit lui-même du roi Louis Philippe :

« Dix-neuf ans se sont écoulés, et aujourd'hui comme il y a dix-neuf ans, je ne puis penser sans une émotion douloureuse à l'état d'âme (1) où j'ai vu le roi Louis-Philippe pendant cette crise si tragiquement terminée. Jamais prince n'a été plus sincèrement convaincu que la politique qu'il avait adoptée était la meilleure, la seule bonne pour son pays. » (M. VIII, 594.)

Au moins autant qu'au souverain ces paroles conviennent au ministre. Guizot ne crut jamais s'être trompé en persévérant, jusque sur le bord de l'abîme, dans la politique de résistance. Il fut profondément affligé pour son pays des périls de la double anarchie sociale et politique déchaînée par la Révolution ; mais il ne crut jamais à sa

(1) On ne se fût guère attendu à trouver sous la plume de Guizot, et à la date de 1867 (sans aucun soupçon de plagiat), cette expression si étrangement profanée par les soi-disant analystes du jour.

propre responsabilité. Il en eût fait plus volontiers porter le poids à son propre parti :

« J'ai plus que personne porté la peine des défauts de l'ancien parti conservateur. Trop étroit de base, trop petit de taille, trop froid ou trop faible de cœur. Voulant sincèrement l'ordre dans la liberté et n'acceptant ni les principes de l'ordre, ni les conséquences de la liberté. Plein de petites jalousies et de craintes. Étranger aux grands désirs et aux grandes espérances ; les repoussant même comme un trouble ou un péril pour son repos. J'en dirais trop si je disais tout (1). »

Cette imperturbable quiétude intellectuelle ne l'abandonna jamais. « Il lui est arrivé deux ou trois fois, en parlant d'autres époques, de dire : « Je me suis trompé ». Il ne l'a jamais fait et ne l'a jamais pensé pour ce moment-là.

La vie politique lui était à jamais fermée. Après une velléité de rentrée en scène, en 1849, il se réserva toujours pour une circonstance qui donnât à sa réélection comme député l'importance d'un événement public. Il disait lui-même : « Il a fallu un grand flot pour m'emporter : il faut que ce soit un grand flot qui me relève ». Le relèvement ne se fit pas. Mais le ressentiment n'effleura jamais cette âme noble ; il ne bouda point ; il se recueillit. Dans les travaux historiques, repris avec l'ardeur d'un homme qui ne les eût jamais interrompus, dans ses études sur les questions

____

(1) *Lettre à M. Lenormant*, citée par M. Jules Simon, dans sa *Notice historique* sur Guizot.

religieuses et morales, il chercha et trouva la seule consolation qui pût satisfaire un esprit aussi haut.

Toujours passionné pour la liberté politique, il en suivait d'un œil inquiet la fortune douteuse pendant les années qui suivirent son retour en France. L'Empire trouva en lui un juge sévère ; sa vie entière était une protestation si éclatante contre les dangereux principes du régime impérial, qu'il ne s'indignait même pas en entendant raconter qu'il lui avait donné son adhésion.

« J'ai souri du bruit dont vous me parlez de ma prétendue approbation de ce qui se passe ici ;... le mensonge en fait de royauté et en fait de liberté m'est insupportable. » (*Lettre à M*ᵐᵉ *Austin*, 2 décembre 1852.)

Les tragiques événements de 1870 affligèrent son cœur de patriote. Au moment de la déclaration de la guerre, il écrivait :

« Ce peut être la conflagration de l'Europe... Les croisés du xiᵉ siècle n'étaient pas plus aveugles, et ils avaient de bien meilleures excuses de n'y pas voir clair. »

Cette guerre fatale lui paraît tout remettre en question et en péril ; non pas seulement le sort de la France, mais les intérêts essentiels de la civilisation. Sa lettre à l'évêque de Winchester est un éloquent appel à l'opinion anglaise, pour s'efforcer de mettre du côté de son pays des sympathies à défaut d'alliances.

La paix conclue, Guizot ferma résolument son âme au désespoir. Il savait tout ce qu'il y a de ressort dans le génie de la France et combien de fois, au cours des siècles, sa fortune a été portée aux cimes et rejetée dans les profondeurs. Il ne douta ni de la perpétuité de son génie ni du relèvement de sa force. L'histoire qu'il avait tant aimée, lui fut bonne, en fournissant à son âme patriotique de solides raisons d'espérer.

Même en dehors des affaires, Guizot ne pouvait se mêler aux hommes sans les dominer. Pendant sa retraite, il régna à l'Académie française, où son influence devint vite prépondérante et ne s'exerça que pour l'honneur de la grande Compagnie.

Il y eut toujours chez Guizot une tendance déclarée vers l'optimisme. Les coups répétés qui l'avaient frappé dans ses affections de famille, dans sa fortune politique, ne l'avaient pas découragé ; il gardait sa sereine confiance en l'avenir. Devant le problème de la destinée future, il était aussi peu hésitant que sur les meilleurs moyens de fonder un gouvernement libre. Cet esprit fait pour la certitude s'en était fait une sur ces matières et s'y reposait dans une absolue quiétude.

Chrétien profondément convaincu, protestant, calviniste, il s'occupa toujours activement des affaires de son église, et pratiqua jusqu'à la fin son culte avec une exactitude de catéchumène. Il fut l'âme du Synode national tenu en 1873. Il avait peu à peu dépouillé son calvinisme de sa sécheresse originelle et il l'avait tempéré par le grand esprit de la douceur chrétienne.

Sa fin fut simple et grande. Arrivé sans infirmité aux limites extrêmes de l'âge, il gardait intactes toutes ses facultés, aucune plus que le vouloir, qui chez lui resta toujours entier. Ce grand laborieux qui avait le tour des connaissances humaines en sentait le vide, à mesure qu'il se rapprochait de la mystérieuse région où il plaçait la source de toute connaissance. — « Ah ! mon enfant, disait-il à sa fille, que nous savons peu de choses !... Enfin je serai bientôt dans la lumière ! »

Le dernier jour, maître de sa pensée, il regardait sa fille agenouillée auprès de son lit : elle aurait pu se tromper sur la séparation qui l'attendait, tant ce regard était encore pénétrant et tendre. « Adieu, ma fille, adieu ! » répétait-il. — Une seule espérance soutenait alors les cœurs. « Au revoir, mon père », dit-elle. Guizot, si faible quelques instants auparavant, se releva seul sur ses oreillers ; ses yeux brillaient ; sa voix avait repris sa force : « Personne n'en est plus sûr que moi ! » dit-il, et son accent retentit encore dans l'âme de ceux qui l'entendirent. Ce furent ses dernières paroles. Il mourut au Val-Richer, le 12 septembre 1874.

Certitude, ce fut le dernier mot de cet homme de bien, affamé de vérité, de ce lutteur infatigable dont la volonté ne fléchit jamais pendant une vie de quatre-vingt-sept années, parce que son esprit ne connut jamais le doute. Peu de jours avant sa mort, il se faisait relire par sa petite-fille le portrait de Coligny, du III*e* volume de son *Histoire de France*. De secrètes et naturelles affinités le ramenaient vers ces héros fortement trempés du xvi*e* siècle, qui étaient, avant tout, vertu, volonté, certitude. Un jeu de la nature paraît avoir détaché Guizot de cette grande époque, pour l'offrir à notre âge comme un rare exemplaire du passé

CHAPITRE II.

I

Guizot s'est toujours défendu d'avoir cherché dans le gouvernement l'application et le triomphe d'une théorie (1); il s'est plu à livrer lui-même ce qu'il croyait être le secret de sa genèse politique.

« Avant d'entrer dans la vie publique, j'ai assisté à la Révolution et à l'Empire ; j'ai vu, aussi clair que le jour, leurs fautes et leurs désastres dériver de leurs entraînements, tantôt des entraînement de l'esprit, tantôt des entraînements de la force.

« La Révolution s'est livrée au torrent des innovations, l'Empire au torrent des conquêtes. Ni à l'un ni à l'autre de ces régimes les avertissements n'ont manqué ; ni pour l'un ni pour l'autre, la bonne politique n'a été un secret tardivement découvert ; elle leur a été bien des fois indiquée et conseillée, tantôt par les événements, tantôt par les sages du temps ; ils n'ont voulu accepter ni l'un

(1) *Mémoires*, VII, 3.

ni l'autre ; la Révolution a vécu sous le joug des passions populaires ; l'empereur Napoléon sous le joug de ses propres passions. Il en a coûté à la Révolution les libertés qu'elle avait proclamées, à l'Empire les conquêtes qu'il avait faites ; et à la France des douleurs et des sacrifices immenses.

« J'ai porté dans la vie publique le constant souvenir de ces deux grands exemples, et la résolution, instinctive encore plus que préméditée, de rechercher en toute occasion la bonne politique, la politique conforme aux intérêts comme aux droits du pays, et de m'y tenir en repoussant tout autre joug... C'est là le sentiment qui m'a constamment animé dans le cours de ma vie publique. » (M. VII, 4.)

La bonne foi de l'auteur est évidente. Guizot eut certainement, au plus haut degré, cette probité politique qui fait des intérêts supérieurs du pays la règle d'un homme d'Etat. Il éclaira sa conscience à la lumière de sa propre expérience et de cette expérience des siècles déposée dans l'histoire ; il se fit un idéal de gouvernement.

Il était de ceux dont l'esprit ne se repose que dans la certitude des principes ; et à son insu peut-être, il se trouva donner à ses règles de gouvernement quelque chose de rigide et d'inflexible, où il parut que la liberté de son esprit fut souvent emprisonnée. C'est le propre des théoriciens de s'en tenir à la seule spéculation, de dédaigner ou de craindre l'épreuve des faits. Guizot revendique le mérite d'avoir fait à l'expérience la plus large part. De son temps on se refusa à le croire, et de nos jours encore, on le voit esclave volontaire de sa propre doctrine. Où est le vrai ?

Guizot et ses adversaires ont raison chacun à leur tour, et à des heures diverses de sa vie publique. S'il fallait trouver la date précise où il nous paraît que l'esprit politique de Guizot prend son pli définitif, nous choisirions volontiers le lendemain de la Révolution de Juillet. C'est évidemment alors que sa doctrine se cristallise. Le long travail préliminaire qui s'est continué depuis la première rencontre avec Royer-Collard s'achève. Jusqu'à cette heure décisive, la passion de la liberté politique avait poussé Guizot dans une voie où il semblait qu'il devait être toujours possible d'avancer d'un pas régulier, lent et sûr. A la lueur de la Révolution de 1830, des périls inattendus se découvrent ; et la liberté politique, but unique de sa vie, est menacée par les ennemis les plus divers et les plus redoutables.

« Outre la situation générale, quelques faits particuliers, peu importants en apparence ou peu remarqués, me frappèrent, au moment même, *comme une lumière d'en haut...* (M. II, 27.)

« J'en entrevis assez pour me livrer, corps et âme, à la *résistance*, comme à un devoir d'homme sensé, d'homme civilisé, d'honnête homme et de citoyen. » (M. II, 34.)

Dans la résistance, les traits d'un système politique s'accusent toujours avec plus de raideur ; ils perdent la souplesse qu'ils auraient peut-être

gardée dans le jeu d'une action normale et libre.
Ils apparaissent plus gros, plus tendus, plus violents ; ils frappent et blessent le regard. On refuse
à l'homme qui applique ce système la souplesse
nécessaire pour en pratiquer un autre, plus
modéré, adouci ; l'homme de la résistance est à
jamais classé parmi les violents et les autoritaires ;
ses ennemis diront plus : parmi les maniaques
d'une certaine doctrine.

D'instinct, et par une sorte de religion de famille, Guizot a eu, tout jeune encore, la passion de
la liberté politique. Cette passion fut de bonne
heure dominante en lui, et garda jusqu'à la fin son
empire. Il aimait la Révolution de 1789, parce que
son élan a « élevé » les cœurs en même temps
que les conditions ; il eût regardé comme une
déchéance morale de renier son esprit. Mais il
faisait de ses principes et de ses actes une critique
sévère ; pour maintenir ce qu'il y trouvait d'essentiel et de vital, il sacrifiait sans pitié ce qu'il
jugeait contingent et morbide.

« L'équité dans l'ordre social et la liberté dans l'ordre
politique, le respect des droits personnels de tout homme
et l'action efficace de la nation dans ses affaires, une société juste et un gouvernement libre, c'est là le vœu qui
se trouve au fond de tous les vœux. » (*Trois générations*, p. VII.)

Mais si le pouvoir absolu ne suffit point à la
solidité des gouvernements, et en ruine peu à peu

les assises, la démocratie ne suffit point davantage
à la fondation de la liberté. A vingt ans déjà, la
courte expérience de Guizot était édifiée sur ce
point ; il avait vu tomber la Monarchie et la
République. L'Empire avait les dehors et donnait l'illusion de la force ; mais les esprits élevés
et soucieux des droits de la dignité humaine pouvaient craindre qu'il ne fût impuissant à fonder
la grandeur durable de la France.

Guizot était déjà de ceux-là ; il ne pouvait par-
donner à l'Empire d'opprimer ces deux principes
essentiels de la société : la liberté et le droit ;
au dedans, la liberté politique, seule garantie
efficace des intérêts privés et de la bonne gestion
des affaires publiques ; au dehors, le droit des
gens, unique garantie des bons rapports des gouvernements et de leur civilisation mutuelle.

C'étaient là les sentiments, les opinions d'un
caractère indépendant et d'un esprit réfléchi, plutôt
qu'un système politique.

« Sincèrement attaché à la liberté et à l'honneur de
l'intelligence humaine », (M. I, 8.)

Guizot était naturellement du parti de cette
opposition, toute intellectuelle, qui réservait alors
les droits de l'avenir. Il était des admirateurs littéraires et politiques de Chateaubriand. Certaines
phrases de ses articles vengeurs du *Mercure* trouvaient dans son âme un long écho ; elles se gra-

vaient dans sa mémoire en traits de feu. Il étonna un jour Mme de Staël par l'énergie de son accent, en lui citant textuellement, de souvenir, le passage suivant d'un article de Chateaubriand :

« Lorsque, dans le silence de l'abjection, l'on n'entend plus retentir que la chaîne de l'esclave et la voix du délateur, lorsque tout tremble devant le tyran et qu'il est aussi dangereux d'encourir sa faveur que de mériter sa disgrâce, l'historien paraît, chargé de la vengeance des peuples. C'est en vain que Néron prospère ; Tacite est déjà né dans l'Empire ; il croît, inconnu, auprès des cendres de Germanicus ; et déjà l'intègre Providence a livré à un enfant obscur la gloire du maître du monde. »

Telle était la fermentation généreuse de l'âme de Guizot, à l'heure décisive où ses fonctions de professeur en Sorbonne le mirent en rapport avec Royer-Collard.

« C'était un homme, non pas de l'ancien régime, mais de l'ancien temps, que la Révolution avait développé sans le dominer, et qui la jugeait avec une sévère indépendance, principes, actes et personnes, sans discuter sa cause primitive et nationale.

« Esprit admirablement libre et élevé, avec un ferme bon sens, plus original qu'inventif, plus profond qu'étendu, plus capable de mener loin une idée que d'en combiner plusieurs, trop préoccupé de lui-même, mais singulièrement puissant sur les autres par la gravité impérieuse de sa raison et par son habileté à répandre, sur des formes un peu solennelles, l'éclat imprévu d'une imagination forte, excitée par des passions très vives.

« Après la *Terreur*, sous le régime du Directoire, il

était entré dans le petit comité royaliste qui correspondait avec Louis XVIII, non pour conspirer, mais pour éclairer ce prince sur le véritable état du pays, et lui donner des conseils, aussi bons pour la France que pour la maison de Bourbon, si la maison de Bourbon et la France devaient se retrouver un jour. Il était donc décidément spiritualiste en philosophie et royaliste en politique ; restaurer l'âme dans l'homme et le droit dans le gouvernement, telle était, dans sa modeste vie, sa grande pensée. » (M. 1, 18.)

Entre le génie de Royer-Collard et celui de Guizot, il y avait de naturelles affinités : ces deux esprits ne pouvaient être mis en rapport sans se reconnaître, se plaire, et agir l'un sur l'autre. Royer-Collard développa peut-être chez Guizot l'idée et le sentiment monarchiques ; il fut pour lui le trait d'union entre l'ancien régime purifié et les temps modernes ; il lui révéla tout ce qu'il y avait de grandeur et de force dans l'idée royale.

Guizot eut peut-être l'honneur d'éclairer, par l'étude du passé, l'alliance séculaire de la royauté et de la nation, et de consacrer ainsi, par une antiquité vénérable, ce principe bientôt appelé à revivre.

Quand la Restauration fut un fait accompli et que Royer-Collard et son groupe furent appelés à l'action, une église politique nouvelle parut fondée, élite dans un parti, minorité des monarchistes constitutionnels. Ce furent les *Doctrinaires* (1).

(1) Mme de Witt, dans l'ouvrage intitulé *M. Guizot dans sa famille et avec ses amis* (p. 57), explique ce mot en disant que Royer-Col-

Le parti était peu nombreux. Dans la chanson où Rémusat se plut alors à railler son propre groupe, avec une parfaite bonne grâce, on disait :

> Le parti s'était attroupé ;
> Toute la faction pensante
> Se tenait sur un canapé.

Ce canapé suffisait aux deux fractions du petit groupe : les vieux : Royer-Collard, de Serre, Camille Jourdan, Beugnot ; les jeunes : Charles de Rémusat, le *prince de la jeunesse* de son temps ; le duc de Broglie, Germain. Par son âge, Guizot aurait dû être compté parmi les jeunes ; l'autorité de son caractère le faisait ranger dans la société des vieux Doctrinaires.

Ce fut l'ambition des Doctrinaires de présenter une *doctrine* de gouvernement qui résolût un double problème : satisfaire à la fois la raison et les intérêts, concilier le passé de la France et son avenir, et braver ainsi l'assaut des partis extrêmes dans les deux sens.

La Révolution française était alors l'arène des partis : pour les uns, il n'y avait eu dans la Révolution qu'erreur et crime ; — pour les autres, tantôt la Révolution était digne de respect jusque dans ses pires excès ; tantôt son échec était

lard, le chef de ce groupe, avait été élevé dans un collège de prêtres doctrinaires. Ce n'est assurément pas là l'origine de ce terme. Guizot lui-même le laisse entendre clairement (*Mémoires*, I, 157). « Les doctrinaires ont dû à une autre cause *et leur nom* et leur influence. » C'est bien leur prétention à fournir une *doctrine* de gouvernement que les contemporains ont ainsi raillée et fixée.

expliqué par l'exagération de ses principes; on les proclamait excellents dans toutes leurs parties, mais on les déclarait compromis par l'outrance de leur développement.

Les Doctrinaires s'établirent résolument entre ces deux partis, dans une situation dominante; ils se défendirent à la fois de toute complaisance pour un passé condamné, de toute velléité de retour à l'ancien régime, et de toute adhésion, même spéculative, aux principes de la Révolution.

Appelés tour à tour à combattre et à défendre la Révolution, ils lui envièrent tout d'abord le précieux avantage de paraître avoir été une œuvre faite au nom de la raison. Il semblait que la philosophie eût tenu alors la gageure de régler la politique et de créer, par une application de ses principes, les institutions, les lois, les pouvoirs. L'échec avait été manifeste; la tentative n'en restait pas moins pleine de grandeur et de fascination. La Révolution s'offrait comme une œuvre de l'esprit humain, et son insuccès pouvait être mis sur le compte de sa perfection même.

La Révolution avait été une brillante application de l'esprit à la politique. Il fallait la dépouiller du prestige de cet avantage. C'était la marque propre des Doctrinaires d'estimer très haut le rôle des idées générales dans le gouvernement des hommes et de renouer étroitement cette alliance de la philosophie et de la politique, chère à plus d'un grand esprit. Il leur semblait indigne de l'homme de livrer ces hauts intérêts des sociétés humaines aux vulgaires hasards de l'empirisme. Il fallait donc trouver un corps de doctrines bien lié qui pût être, dans les assises du monde politique nouveau, ce qu'avaient été, un quart de siècle auparavant, les principes de la Révolution.

Ce corps de doctrines fut ce que Rémusat a très heureusement appelé « *la philosophie de la Charte* », et dont il fait honneur à Royer-Collard.

Écartant résolument le problème métaphysique de l'origine de la souveraineté, il repousse, comme autant de dangereuses chimères, et la souveraineté du roi, et la souveraineté du peuple, et la souveraineté du Parlement.

Mais comme le concours de ces trois principes, Royauté, Nation, Parlement, est indispensable au gouvernement, et qu'on ne voit pas de source plus pure d'où pourrait dériver sa force, Royer-Collard place volontiers au point de rencontre de ce triple courant le lieu de la souveraineté.

Ce n'est donc ni le Roi, ni la Nation, ni le Parlement qui peuvent se dire souverains. Mais l'accord de leurs volontés, la confusion de leur action tendant à un même objet, crée le principe même de la souveraineté. Ni l'air, ni le bois, ni le silex, pris séparément, ne sont l'unique principe du feu ; mais quand ils sont habilement rapprochés et appliqués à un effet commun, la flamme jaillit et s'élève.

L'accord du Roi, de la Nation et du Parlement s'exprimant dans l'ordre des choses de la politique, c'est la Loi ; et la Loi est la véritable souveraine. Ces mots *Loi, Charte*, prenaient dans la pensée et dans la parole de Royer-Collard des proportions de grandeur et de force infinie ; rien n'égalait la majesté avec laquelle, de ce seul mot, il assénait un adversaire.

Mais, les philosophes eux-mêmes ont parfois la sagesse de le reconnaître, la perfection théorique d'un système ne suffit pas à son succès, s'il est appliqué aux affaires humaines. C'est au contraire une marque de sa solidité d'avoir supporté l'épreuve des faits. La confirmation de l'histoire est pour un système politique un baptême sacré.

Il y a plus encore. Si haut que l'on plaçât la Charte, la Loi dans la région des souverains principes, il est un vice que les hommes reprochent volontiers à un système politique : c'est sa jeunesse et sa nouveauté. Une antiquité mystérieuse incline plus aisément au respect. S'il était possible de sanctifier ces origines, en les reléguant dans l'ombre des temps disparus, la Charte se trouvait sanctifiée par une sorte de fatalité.

L'histoire de France, depuis le xiie siècle, conspira avec Royer-Collard pour montrer l'intime alliance déjà nouée, depuis des siècles, entre ces diverses forces dont l'accord fait la Loi. La Charte se dégageant, par un lent effort, de l'histoire tout entière de la France, telle est la conception

essentiellement saine par laquelle les Doctrinaires
prétendaient légitimer sa souveraine autorité.
Produit de la *raison humaine* et du *temps*, cette
Doctrine disputait à la Révolution le mérite d'être,
elle seule, un œuvre rationnelle, une grandiose
conception de l'esprit ; à la Monarchie absolue, le
droit, mal justifié, de représenter seule le passé de
la France.

S'il appartint à Royer-Collard de fixer les éléments philosophiques du système, il faut laisser
à Guizot l'honneur d'avoir tiré de l'histoire tout
ce qui pouvait le fortifier et l'ennoblir.

« Je voulais rappeler sur le passé de la France l'intérêt et le respect. » (M. I, 313.)

« J'avais à cœur de faire rentrer la vieille France dans
la mémoire et l'intelligence des générations nouvelles ;
car il y avait aussi peu de sens que de justice à renier ou
à dédaigner nos pères, au moment où nous faisions, en
nous égarant beaucoup à notre tour, un pas immense
dans les mêmes voies où, depuis tant de siècles, ils
avaient eux-mêmes marché. » (M. I, 314.)

Cet apostolat politique par l'enseignement,
Guizot le commença en 1820, et ne le perdit jamais de vue. Ses cours furent un commentaire
éloquent et sincère de la Doctrine. Il y avait dans
un tel système assez de métaphysique pour contenter les esprits amoureux de raison pure, et un
tissu assez serré de rapports avec la réalité pour
satisfaire les moins rêveurs.

Il était même assez sage dans ses tendances,

assez heureusement combiné dans toutes ses parties pour donner aux hommes qui l'avaient conçu l'illusion qu'il était parfait et leur inspirer l'orgueil de cette création. Il s'offrit insensiblement à eux comme quelque chose d'achevé et d'immuable ; et peut-être n'y a-t-il à reprendre dans ce système que l'inflexible autorité avec laquelle les Doctrinaires le présentèrent aux hommes de leur temps et voulurent l'appliquer.

Sans doute cette tendance à l'autorité et cette complaisance pour l'absolu étaient déjà dans leur esprit ; mais la conviction qu'ils avaient trouvé le vrai dans l'ordre des choses de la politique fortifia encore ces sentiments et les porta à l'extrême. Le bon sens public, qui a oublié depuis longtemps le détail de la Doctrine, n'a retenu que le mot de Doctrinaire, pour en faire le synonyme de l'outrance dans la raison, de l'obstination aveugle à tenir une même voie étroite, de l'incapacité de voir et de comprendre à côté et autour, du mépris de toute contradiction et du dédain mal déguisé du contradicteur ; le contraire, en un mot, des qualités d'esprit et de conduite que réclame le gouvernement.

II

En 1815, le régime représentatif était en France chose nouvelle. Chaque âge a son idéal ou sa chimère politique ; le régime représentatif était alors la dernière expression du vœu public.

Ce régime consiste essentiellement dans l'équilibre du pouvoir exécutif et des assemblées politiques électives de la nation. Mais cet équilibre n'est possible que si le gouvernement exécutif a complètement dépouillé, et sans regret, les formes et jusqu'aux tendances de l'absolutisme ; il doit se borner à suivre avec loyauté ou à diriger avec discrétion le mouvement de l'opinion publique.

Il faut en outre aux corps élus assez de sagesse pour limiter leur action, pour éloigner toute prétention au gouvernement direct, et pour se contenter d'être tantôt la lumière, tantôt l'aiguillon ou le frein, toujours le contrôle.

Le groupe des Constituants, formés à l'école de l'Angleterre, s'était flatté de fonder la liberté politique en France sur la solide base du gouvernement parlementaire. Mais le courant des événements emporta leur sagesse, et la Constituante fut victime d'une dangereuse illusion, quand elle crut avoir mis la liberté dans la constitution politique de 1791.

Un double vice altérait la sincérité de l'épreuve : le pouvoir exécutif était systématiquement énervé, et une Chambre unique, sans le contrepoids d'une assemblée rivale, devait malaisément résister à la tentation de se croire omnipotente. Le régime de la Convention fit assez voir qu'en remettant à une seule assemblée la représentation nationale et en confondant le gouvernement et la délibération, on n'avait fait que changer de despotisme.

Les hommes de la Révolution eux-mêmes furent arrachés à leur illusion par la violence des faits, et le gouvernement du Directoire fut un retour à des principes plus sages. Le gouvernement était séparé du conseil, et la délibération était partagée entre deux assemblées. Mais c'était encore une faute que d'avoir affaibli la force exécutive en la disséminant sur cinq têtes, et d'avoir rendu difficile la suite des desseins dans le gouvernement, par le renouvellement rapide de ses membres.

La période du Consulat et celle de l'Empire n'offrirent que la parodie du régime parlementaire. La présence d'un Sénat et d'un Corps législatif ne servait qu'à déguiser, aux yeux de la nation, un despotisme d'autant plus périlleux que la servilité des assemblées lui donnait la consécration de l'opinion.

Les malheurs de l'Empire, en éveillant chez la nation la conscience du péril qu'il y a toujours à s'abandonner aux mains d'un seul, et la perspective du retour des Bourbons, en évoquant le souvenir d'un pouvoir monarchique sans contrôle, mirent en vive lumière le prix des garanties constitutionnelles.

Ces garanties, la France libérale les exigea même de Napoléon restauré. Le despote, pliant

aux circonstances, cachant sous une forme familière l'ennui de céder et trouvant sa vengeance
dans l'ironie amère de quelques phrases, disait :
« Le goût des constitutions, des débats, des harangues paraît revenu... ; des discussions publiques, des élections libres, des ministres respon-
sables, la liberté de la presse, je veux tout cela.
La liberté de la presse, surtout ; l'étouffer est
absurde ; je suis convaincu sur cet article. Je
vieillis ; on n'est plus à quarante-cinq ans ce
qu'on était à trente. Le repos d'un roi constitu-
tionnel peut me convenir ; il conviendra plus
sûrement encore à mon fils. »

Napoléon se trompait. Ce n'était point, comme
il le donnait à entendre, le goût des harangues et
de la parade oratoire qui était revenu ; mais le
désir de prévenir par le contrôle d'irréparables
malheurs ; de voir clair dans ses propres affaires
et de fonder, par un exercice quotidien, la liberté
politique.

Ce fut le rêve ardent de la jeune génération
dont Guizot faisait partie et qu'il devait diriger.
Elle mit son orgueil à fonder la liberté et elle
dépensa toutes les ressources de sa dialectique
à prouver que la liberté, dans le régime représentatif, était établie sur la raison même.

« Comme la société est *une*, de même le gouvernement doit être *un*. L'unité dans le gouvernement est une
nécessité si impérieuse que toutes les constitutions tendent à y arriver... Il y a unité dans le gouvernement,

lorsque le pouvoir chargé de diriger les affaires générales de la société peut remplir cette tâche dans toute son étendue sans être arrêté ou troublé dans son action par des obstacles qui compromettent son existence. Partout où des pouvoirs égaux, séparés et indépendants, sont appelés à concourir au gouvernement, ce concours est un combat, tant que ces pouvoirs demeurent dans leur séparation et leur indépendance réciproque.

« Dans la monarchie constitutionnelle, à ne considérer que les apparences, la Royauté est le gouvernement, la Chambre des députés, l'opposition, et la Chambre des pairs, le médiateur. Dans la réalité bien comprise, au contraire, le Roi, la Chambre des pairs, et la Chambre des députés, forment un seul et même pouvoir suprême qui gouverne avec les forces de ces trois éléments réunis ; l'opposition qui existe dans les deux Chambres est un surveillant et un rival intérieur, placé au sein du gouvernement lui-même ; elle n'est point un pouvoir distinct ; son droit est d'observer et de critiquer ; sa mission est de marquer la limite que, dans la politique qu'il a adoptée, le gouvernement ne doit pas dépasser, et d'avertir le pays dès qu'en effet cette limite est dépassée.

« L'opposition est là, comme une puissance comminatoire et expectante dont la présence oblige le gouvernement à être prudent et habile, dans son propre système, sous peine de voir les forces qui le suivent se séparer de lui et passer sous un autre drapeau. » (*Du gouvernement représentatif et de l'état actuel de la France*, p. 25-31.)

Jusqu'au jour où l'ironie du sort impliqua dans une révolution cet homme de gouvernement, Guizot ne séparait point en France le principe de la royauté et la branche aînée des Bourbons. Ce n'est point de sa part dévotion superstitieuse, car il « ne croit ni au *droit divin* ni à la *souveraineté du peuple* » ; il ne peut y voir que « les usurpations de la force. »

Raison, vérité justice,

« voilà le souverain légitime que cherche le monde et qu'il cherchera toujours ; car la raison, la vérité, la justice ne résident nulle part complètes et infaillibles. Nul homme, nulle réunion d'hommes ne les possède et ne peut les posséder sans lacune et sans limites. Les meilleures formes de gouvernement sont celles qui nous placent plus sûrement et nous font plus rapidement avancer sous l'empire de leur loi sainte. C'est la vertu du gouvernement représentatif. » (*Du gouvernement de la France*, p. 201.)

Guizot n'hésite pas à déclarer que, « comme superstition », la légitimité royale a pu et a dû périr ; mais il la retient « comme institution » ; et il la trouve à ce titre très forte et très précieuse.

« Les institutions ne s'improvisent pas, on ne fait pas plus un roi légitime qu'un peuple libre. L'idée et le sentiment du droit, qui, dans l'un et l'autre cas, sont le vrai principe de l'institution, n'y pénètrent pas en un jour. Toutes choses, à leur origine, sont plus ou moins l'œuvre de la force, et la force les dénature alors même qu'elle les crée. Le germe du droit se souille et s'altère sous la main des passions et des dérèglements de la force. Il faut que le temps s'en saisisse, le dégage, le féconde et fasse enfin sortir le droit, brillant et pur, de cet alliage grossier où l'avaient enveloppé l'erreur et la violence. Partout, cela est certain, la légitimité a commencé par l'usurpation, comme la liberté par l'anarchie. Mais aussi, à leur commencement, elles n'étaient ni la légitimité ni la liberté.

« Lors donc qu'on a sous la main une légitimité véritable que le temps a faite, qui, pour avoir été suspendue, n'est cependant pas détruite, il y aurait certes un étrange aveuglement à ne pas l'accueillir, à ne pas tenter les plus grands efforts pour profiter de tous ces avantages, à s'imposer enfin la tâche de recommencer ce qui existe, de recréer soi-même, et avec mille périls, et seulement pour l'avenir, ce qu'on peut conserver et accommoder au présent. » (*Du gouvernement de la France*, p. 205.)

Dans cette métaphysique de la légitimité, on chercherait en vain des principes métaphysiques. Guizot n'hésite pas à mettre à l'origine de toute légitimité historique une œuvre de la force, purifiée par le souvenir de grands services rendus et peu à peu transformée en droit. Toutefois, comme il tient pour vain tout effort de constituer une société, si on ne jette dans ses assises quelques blocs inébranlables, il s'interdit de renoncer à cette hérédité royale qui « met le droit sur le trône, pour que le droit soit partout. »

Mais, à la différence des fanatiques royaux, Guizot ne voit dans cette légitimité royale qu'un moyen et non un but. Il saluait dans le gouvernement des Bourbons un gouvernement « anti-révolutionnaire par nature et libéral par nécessité. » Il croyait que la France avait encore besoin, pour faire son apprentissage de liberté, « d'être un peu inquiète sur ses intérêts, pour apprendre à garder ses droits. » Elle se formait ainsi à l'exercice de deux sentiments, sans lesquels il ne

saurait y avoir de vraie liberté : le respect du
pouvoir légitime et la vigilance à défendre ses
droits.

Lorsqu'au terme d'une période d'attente douloureuse, la politique de Charles X ne recula point
devant un coup d'Etat, Guizot fut au premier rang
de ceux qui organisèrent la défense des libertés
publiques. Quand la Chambre des députés prépara
l'adresse dite des 221, il s'opposa à tout adoucis-
sement des termes de la rédaction. Député depuis
quelques semaines à peine, il donnait à la liberté
politique les prémices de son talent.

« Nos paroles, la franchise de nos paroles, voilà le seul
avertissement que le pouvoir ait à recevoir parmi nous,
la seule voix qui se puisse élever jusqu'à lui et dissiper
ses illusions. Gardons-nous d'en atténuer la force ; gardons-nous d'énerver nos expressions ; qu'elles soient respectueuses, qu'elles soient tendres, c'est notre devoir, et
personne n'accuse votre commission d'y avoir manqué ;
mais qu'elles ne soient point timides et douteuses. La
vérité a déjà assez de peine à pénétrer jusqu'au cabinet
des rois ; ne l'y envoyons point faible et pâle ; qu'il ne
soit pas plus possible de la méconnaître que de se méprendre sur la loyauté de nos sentiments. Je vote contre
tout amendement. » (*Discours du 16 mars* 1830.)

Quatre mois après, une royauté nouvelle était
fondée en France, et Guizot était parmi les ouvriers de cette œuvre. Mais il n'était pas de ces
libéraux dont les approches d'une révolution
exaltaient jusqu'au délire les espérances. Déjà il

avait repoussé, en 1822, les ouvertures de Manuel
au sujet d'un changement de dynastie au profit
de Napoléon II. Il disait alors :

> « Je regarderais un changement de dynastie comme
> un grand mal et un grand péril. Je tiens la Révolution
> de 1789 pour satisfaite aussi bien que pour faite ; elle a
> dans la Charte toutes les garanties que réclament ses in-
> térêts et ses vœux légitimes. Ce qui importe aujourd'hui
> à la France, c'est d'expulser l'esprit révolutionnaire qui
> la tourmente encore. »

C'est à cette œuvre que, dès le premier jour de
la Révolution de Juillet, s'appliqua la sagesse de
Guizot. Il restait fidèle à lui-même. Il n'avait rien
omis de ce qui pouvait prévenir la catastrophe ;
il fit tout pour la circonscrire. Le mouvement
était descendu presque soudainement des classes
supérieures au peuple tout entier. Le premier
jour, on avait crié : « *Vive la Charte ! A bas
les ministres !* Le second jour : *Vive la liberté ! A
bas les Bourbons ! Vive la République !* Il fallait arrêter ce déchaînement de forces armées pour détruire. La royauté de la branche cadette parut
l'expédient inévitable.

Pour Guizot, le premier besoin social, dès que
la Révolution avait été ouverte, devait être de la
fermer, de la manière la plus prompte et la plus
sûre. Il y voyait un de ces défilés redoutables,
où parfois la folie des chefs ou la sévérité du
destin engage une armée, au péril de son salut

et de son honneur; mais qu'il faut traverser
à la hâte, pour ne pas laisser se troubler les cou-
rages et s'affoler les imaginations. Il fut un de
ceux qui fondèrent la royauté nouvelle.

Royauté d'accident? Non ; de nécessité. Dans
les débats de tribune qui marquèrent les premiers
mois du gouvernement nouveau, Guizot parut
un jour faire à l'opinion démocratique cette concession que la royauté de Louis-Philippe était
issue du choix populaire; mais avec combien de
réserves ! Il donne et retient tout ensemble.

« Au principe de la légitimité a été *substitué momenta-
nément*, du moins je l'espère, le *principe du choix du
peuple*. Mais ce principe ne préside pas à notre gouvernement ; car nous sommes revenus au *principe de l'hérédité*, qui sera maintenu, je n'en doute pas, au profit de
la dynastie actuellement régnante.

« A mon avis, cette *légitimité toute rationnelle*, qui n'a
rien de semblable à l'ancienne légitimité, peut seule
sauver l'Etat. En même temps que je proclame le droit
éternel d'un peuple de se séparer de son gouvernement,
dès que le gouvernement lui devient hostile, je maintiens
aussi que ce principe ne peut présider au gouvernement
nouveau que l'on substitue à l'ancien ; car c'est le principe des révolutions.

« Il faut qu'il reste dans le cœur des peuples, qu'il y
vive à jamais ; mais ils ne doivent pas croire que ce droit
repose sur leur seule volonté ; il ne repose que sur la
nécessité, l'inévitable nécessité ; et c'est par là que *notre
Révolution est légitime ; car elle était nécessaire*. Non ; ce
principe qui a présidé à notre Révolution ne doit pas
présider à notre gouvernement ; celui qui y préside

aujourd'hui, qui doit y présider longtemps, c'est le principe de légitimité héréditaire. » (*Discours du 9 novembre 1830, à la Chambre des députés.*)

Trente ans plus tard, retiré de la lutte, Guizot faisait la part plus mince encore au choix du peuple. Il semble que la pratique du gouvernement et l'expérience l'aient éclairé sur les dangers d'une pareille concession.

« La monarchie que nous avions à fonder n'était pas plus une monarchie élective qu'une République. Amenés par la violence à rompre violemment avec la branche aînée de notre maison royale, nous en appelions à la branche cadette pour maintenir la monarchie en défendant nos libertés. *Nous ne choisissions point un roi*; nous traitions avec un prince que nous trouvions à côté du trône et qui pouvait seul, en y montant, garantir notre droit public et nous garantir des révolutions. L'appel au suffrage populaire eût donné à la monarchie réformée précisément le caractère que nous avions à cœur d'en écarter ; il eût mis *l'élection* à la place de la *nécessité et du contrat.* C'eût été le principe républicain profitant de l'échec que le principe monarchique venait de subir, pour l'expulser complètement et prendre, encore, sous un nom royal, possession du pays. » (M. II, 26.)

Il y avait sans doute, à l'origine de ce gouvernement nouveau, un malentendu, dont les conséquences devaient peser sur tout le règne de Louis-Philippe. Un nouveau « *Qui t'a fait roi ?* » se posait à toute heure ; et si les uns répondaient : la nécessité et le besoin de la patrie, les autres ne manquaient pas de s'écrier : le peuple et la révolution.

Entre ces deux théories, Guizot n'hésita jamais ; mais, pour défendre la première, qu'il croyait intimement associée aux conditions de la vraie liberté, il était condamné à répudier avec hauteur la seconde, plus conforme à l'envie populaire. Les arguments ne manquaient pas à Guizot, et la raison ne manquait point à ses arguments ; mais le défenseur, dont la voix éloquente légitimait l'ordre royal nouveau, se trouvait placé au confluent des partis. Il allait supporter, pendant une génération d'hommes, l'assaut des forces les plus contraires, qui grossissaient aux deux extrémités de l'horizon : le passé qui ne voulait pas disparaître, l'avenir qui montait à la vie.

III

Après la Révolution de 1830, l'œuvre politique de Guizot trouva son unité et sa forme définitive. La courte épreuve que venait de traverser la France l'avait agitée dans ses profondeurs. Les passions de toute sorte que la grande époque révolutionnaire et l'Empire avaient exaltées, éclataient soudainement, avec une violence qu'une contrainte de quinze années rendait plus redoutable : institutions, doctrines, tout était remis en question. L'esprit révolutionnaire ne déguisait pas son am-

bition de tout refaire sur un plan nouveau. C'est
à ce mal que Guizot s'attaque tout d'abord. Il a
la rapide intuition du péril :

« Ce n'est pas la République qui se serait établie ; pas
plus en 1830 qu'en 1848, elle n'était en harmonie avec
la situation, les intérêts, les instincts naturels, les idées
générales, les sentiments libres du pays. Nous n'aurions
eu sous ce nom que le chaos révolutionnaire, un mélange
d'anarchie et de tyrannie, un cauchemar continuel de
mouvements turbulents et vains, projets sur projets,
mensonges sur mensonges, mécomptes sur mécomptes,
et toutes les angoisses, tous les périls éclatant coup sur
coup, après l'explosion de toutes les chimères et l'étalage
de toutes les prétentions. » (M. II, 33.)

Ce n'était pas illusion de sa part. Sans doute
Guizot donnait à sa pensée un tour trop calviniste,
quand il disait à la Chambre des députés (1) :

« Je vous demande de ne pas oublier que le mal est
au milieu de vous ; le mal ne s'arrête pas. »

Mais ce mal avait, pour lui, un nom et une forme
précise : c'était le mal révolutionnaire. Il le définit
à plusieurs reprises, à la tribune, dans ses écrits ;
les termes changent à peine, la pensée ne varie
pas :

« Le goût et le péché révolutionnaire par excellence,
c'est le goût et le péché de la destruction, pour se donner
l'orgueilleux plaisir de la création. Dans les temps at-
teints de cette maladie, l'homme considère tout ce qui

(1) 3 mai 1837.

existe sous ses yeux, les personnes et les choses, les
droits et les faits, le passé et le présent, comme une matière inerte dont il dispose librement, et qu'il peut manier et remanier pour la façonner à son gré. Il se figure
qu'il a dans l'esprit des idées complètes et parfaites, qui
lui donnent sur toutes choses le pouvoir absolu et au
nom desquels il peut, à tout risque et à tout prix, bri-
ser tout ce qui est, pour le refaire à leur image. » (M. II,
21.)

« Quels sont les caractères de l'état révolutionnaire ?
Voici les plus saillants : c'est que toutes choses soient
mises en question ; c'est que toutes les prétentions soient
indéfinies ; c'est que des appels continuels soient faits à
la force, à la violence...

« En même temps que toutes choses sont remises en
question, des prétentions indéfinies, indéfinissables
éclatent. Et dans ces prétentions, il ne s'agit pas de telle
ou telle réforme, de tel ou tel but particulier à atteindre,
il s'agit de projets, d'espérances qui seraient hors d'état
de se limiter eux-mêmes. Il y a là une ambition qui ne
connaît pas son propre objet, qui se déploie sans but,
qui n'est pas un état de véritable travail, de véritable
réforme politique, mais une maladie de l'esprit (1). »

Aussi bien que Guizot, Louis-Philippe voyait le
mal ; mais comme il avait eu jadis quelque complaisance intellectuelle pour la Révolution, et
qu'il était plus près du scepticisme que de la Doctrine, il eût aisément découragé un lutteur moins
résolu : « Vous avez mille fois raison, disait-il à
Guizot ; c'est au fond des esprits qu'il faut combattre l'esprit révolutionnaire ; car c'est là qu'il

____

(1) *Discours du 25 septembre* 1839.

règne ; mais pour chasser les démons, il faudrait un prophète. »

Ce rôle périlleux et grandiose convenait au caractère de Guizot ; il le fit sien. Prophète, il le fut par l'ardeur de la foi, l'ampleur du geste d'autorité, l'inflexible croyance à la vérité de sa doctrine. Dès le premier jour du nouveau règne, il fut épouvanté des périls que faisait courir à la société tout entière la politique du laisser-faire ; et il se donna tout entier à la politique de résistance. On abusa contre lui de ce mot même, qui ne prêtait guère à l'équivoque ; on le représenta comme hostile au mouvement social, au progrès des idées libérales. Le reproche blessait vivement ce partisan déclaré de la liberté.

C'était là le côté négatif de la politique de Guizot, et non le moins important. Mais ce n'est pas tout de nier ; il faut affirmer et agir. Il y avait dans son programme un côté positif et il en a donné la formule à la tribune.

« Nous avons trois grandes choses à fonder : une société nouvelle, la grande *démocratie* moderne, jusqu'ici inconnue dans l'histoire du monde ; des institutions nouvelles, le *gouvernement représentatif*, jusqu'ici étranger à notre pays ; enfin une *dynastie* nouvelle. »

Les parties de cette triple tâche sont énumérées par l'orateur dans l'ordre inverse de leur importance.

Il était sans doute d'un grand intérêt pour le

pays que la dynastie nouvelle s'établît solide-
ment, pour mettre au sommet des pouvoirs publics
une fixité salutaire, raffermir les esprits et décou-
rager les ambitions ; mais on conçoit que la double épreuve du régime représentatif et de la
démocratie eût pu se faire sous d'autres noms et
avec d'autres princes. Guizot ne se fût pas refusé
sans doute à tenter loyalement cette expérience,
même avec Charles X, si la catastrophe de 1830
n'eût tout remis en question.

Il y avait un intérêt supérieur à façonner les
mœurs publiques de la France à la pratique du
gouvernement représentatif. Ce système, loyalement pratiqué, est peut-être l'instrument de
liberté politique le moins imparfait qui soit
sorti des mains de l'homme. Il ne faut point être
surpris qu'un penseur dont la liberté politique
fut le seul fanatisme, ait attribué au régime qui
pouvait l'établir et la consacrer une sorte de vertu
miraculeuse. Arrivé presque au terme de cette
expérience, Guizot célébrait dans un discours à
la Chambre des députés les avantages du gouvernement représentatif :

> « Ce qui fait le mérite, la sagesse, et je dirai aussi la
> beauté de notre gouvernement, c'est que le pouvoir absolu
> n'y réside nulle part ; il n'y a nulle part, dans nos ins-
> titutions, un pouvoir qui ait le droit de dire, sans dis-
> cussion, sans examen : « Ceci est ma volonté et ceci sera
> la loi. » C'est là le pouvoir absolu ; il n'existe nulle part
> chez nous

« Toutes les fois qu'il y a une question à résoudre, une grande mesure à prendre, la question ne peut être résolue, la mesure ne peut être prise que sauf discussion et libre examen : libre examen au sein du pays, par la liberté de la presse ; au sein du gouvernement lui-même, par la délibération des grands pouvoirs publics. Partout chez nous, le libre examen, la libre discussion s'attachent à tous les problèmes, à tous les actes du gouvernement ; et rien n'est possible, rien ne devient définitivement loi du pays qu'après avoir été discuté partout, et par tout le monde.

« Voilà le fond de notre gouvernement ; voilà le sens de trois grands articles de la Charte : l'art. 7, qui fonde la liberté de la presse ; l'art. 16, qui fonde la discussion et le libre vote dans les Chambres ; l'art. 12, qui fonde la responsabilité des ministres.

« Là résident nos garanties contre les deux grands pouvoirs ; je me sers du mot *contre* à tort, je ferais mieux de dire *envers* les deux grands pouvoirs qui, sous des formes diverses et à des titres différents, sont cependant tous les deux irresponsables : la *couronne* et les *électeurs*.

« La couronne et les électeurs choisissent les hommes dont le concours fait le gouvernement ; les électeurs nomment les députés ; la couronne nomme les pairs et les ministres ; puis les pairs, les députés, les ministres discutent librement ; leur action commune fait le gouvernement ; mais ils ne peuvent rien faire, rien décider sans libre et complet examen, sans libre et complète discussion. Voilà notre gouvernement. » (*Disc. du* 31 *août* 1846 *à la Chambre des députés.*)

Mais, si parfaite que soit la machine de la représentation nationale, elle n'a par elle-même que la valeur d'un instrument. Il faut chercher et discipliner la force qui lui communiquera le

mouvement et lui fera rendre d'utiles ou nuisibles
effets.

Le but, la loi suprême de la société est d'assurer à ses membres des lois justes, un régime
juste, et par conséquent des institutions qui leur
garantissent ces avantages. Si l'on pouvait admettre que, chez tous les hommes, l'intelligence
et les lumières fussent égales à leur désir de trouver le bonheur, et s'il était aussi aisé de mettre
ses actes d'accord avec la justice que d'en avoir
l'instinct, on pourrait reconnaître à tout homme
un droit égal d'être consulté et de préparer par son
vote l'œuvre du gouvernement. Alors la sagesse
et la justice seraient l'expression des volontés de
la majorité numérique et le pouvoir légitime serait
une émanation normale du nombre. Des masses
profondes de la nation s'élèverait, sous la forme
de volonté publique, un concert de raison.

Mais les suggestions de l'intérêt seul sont de
mauvaises conseillères ; ce n'est point assez, pour
dégager le juste de la confusion d'une consulta-
tion populaire, de compter les voix par lesquelles
seront exprimés les seuls intérêts. Pour trouver
la raison et la sagesse au terme de l'élection, il
faut les supposer chez l'électeur. Peut-on attendre raison et sagesse de la multitude igno-
rante dont l'intelligence suffit à peine aux gros-
siers besoins du jour et dont l'horizon est limité
par les appétits à satisfaire ?

Le pouvoir légitime ne réside pas dans le nombre ; car on ne saurait mieux comprendre le pouvoir que comme l'instrument d'une raison éclairée. La seule qualité d'homme ne donne point, par une vertu magique, raison et lumières ; il faut, pour y parvenir, un exercice de l'esprit et de la volonté, une culture que les loisirs seuls rendent possible, une intelligence des hautes questions et des grands intérêts qui ne va pas avec le terre à terre des petites existences, des traditions d'indépendance intellectuelle que le bon vouloir seul ne donne pas.

Faut-il donc remonter jusqu'aux étages supérieurs de la société où, le souci de la vie matérielle écarté, la chose publique peut devenir l'objet d'une préoccupation éclairée, continue, désintéressée ? C'est le gouvernement aristocratique. Il a ses avantages et ses périls ; il peut assurer la grandeur d'un pays ; on l'a vu par l'Angleterre, mais à deux conditions :

« L'une, de gouverner dans l'intérêt général et sous l'influence prépondérante du pays lui-même ; l'autre, de tenir ses rangs constamment ouverts et de se recruter, de se rajeunir incessamment en comptant les nouveaux venus d'élite qu'enfante et élève le mouvement ascendant de la démocratie. Ce n'est point là le gouvernement aristocratique de l'antiquité ou du moyen âge ; c'est le gouvernement libre et combiné des diverses forces sociales et des influences naturelles qui coexistent au sein d'une grande nation. » (M. V, 8.)

Les préférences de Guizot vont à un semblable

régime comme par une pente naturelle ; il admire
la société anglaise :

> « Elle n'a pas été bouleversée de fond en comble ; le pou-
> voir n'est pas descendu des régions où il doit naturelle-
> ment résider, et il n'y est pas resté isolé et sans commu-
> nication avec le sol où sont ses racines. » (M. V, 7.)

Mais, en France, l'esprit démocratique avait
transformé la société ; et, de tout temps, le souci
de l'égalité avait allumé plus de passions que la
conquête de la liberté. C'est dans ce milieu exci-
table qu'il fallait chercher et circonscrire

> « la région où dominent naturellement, avec indépen-
> dance et lumières, les intérêts conservateurs de l'ordre
> social. »

Déjà, en 1817, Guizot avait pris part à la rédaction de la célèbre loi électorale du 5 février. Il en
résume ainsi l'esprit et les tendances :

> « A cette époque, le suffrage universel n'avait jamais
> été en France qu'un instrument de destruction ou de dé-
> ception : de destruction, quand il avait réellement placé
> le pouvoir politique aux mains de la multitude ; de dé-
> ception quand il avait servi à annuler les droits politiques
> au profit du pouvoir absolu, en maintenant, par une in-
> tervention vaine de la multitude, une fausse apparence
> de droit électoral.
> « Sortir enfin de cette routine, tantôt de violence, tantôt
> de mensonge, assurer aux intérêts conservateurs de
> l'ordre social, par l'élection directe des députés du pays,
> une action franche et forte sur son gouvernement, c'était

là ce que cherchaient les auteurs du système électoral
de 1817 ; rien de moins, rien de plus.

« Dans un pays, voué depuis vingt-cinq ans, en matière
d'élections politiques, soit réellement, soit en apparence,
au principe de la souveraineté du nombre, si absurde-
ment appelée la souveraineté du peuple, la tentative
était nouvelle et pouvait paraître hardie. » (M. I, 166.)

Elle le parut en effet à ceux qui voyaient dans
l'égalité le principe des droits politiques. C'est contre ce périlleux sophisme que protesta toujours
l'inflexible modération de Guizot. Il se refusait à
confondre les droits universels inhérents à la
seule qualité d'homme, et les droits individuels,
proportionnés au mérite de chaque homme ; rien
ne révoltait sa raison comme l'équivoque établie
entre l'égalité dans les droits civils et l'égalité
dans les droits politiques.

« Sans doute, disait-il à la tribune de la Chambre des
députés, il y a des droits universels, des droits égaux
pour tous, des droits qui sont inhérents à l'humanité et
dont aucune créature humaine ne peut être dépouillée
sans iniquité et sans désordre. C'est l'honneur de la civilisation moderne d'avoir dégagé ces droits de cet amas
de violences et de résultats de la force sous lequel ils
avaient été longtemps enfouis, et de les avoir rendus à la
lumière. C'est l'honneur de la Révolution française d'a-
voir proclamé et mis en pratique ce résultat de la civilisation moderne.

« Je n'entreprendrai pas ici l'énumération de ces
droits universels, égaux pour tous ; je veux dire seulement qu'à mon avis, ils se résument dans ceux-ci : le
droit de ne subir, de la part de personne, une injustice

quelconque, sans être protégé contre elle par la puissance publique ; et ensuite le droit de disposer de son existence individuelle selon sa volonté et son intérêt, en tant que cela ne nuit pas à l'existence individuelle d'un autre.

« Voilà les droits personnels, universels, égaux pour tous. De là, l'égalité dans l'ordre civil et dans l'ordre moral.

« Mais les droits politiques seraient-ils de cette nature ? Messieurs, les droits politiques, ce sont des pouvoirs sociaux ; un droit politique, c'est une portion du gouvernement ; quiconque l'exerce, décide non seulement de ce qui le regarde personnellement, mais de ce qui regarde la société ou une portion de la société. Il ne s'agit donc pas là d'existence personnelle, de liberté individuelle ; il ne s'agit pas de l'humanité en général, mais de la société, de son organisation, des moyens de son existence.

« De là suit que les droits politiques ne sont pas universels, égaux pour tous ; ils sont spéciaux, limités, et je n'ai pas besoin de grandes preuves pour le démontrer. Consultez l'expérience du monde ; de nombreuses classes d'individus, des femmes, des mineurs, des domestiques, la grande majorité des hommes sont partout privés des droits politiques ; et non seulement ceux-là en sont privés ; mais des conditions, des garanties ont été partout et de tout temps attachées aux droits politiques, comme preuve ou présomption de la capacité nécessaire pour les exercer dans l'intérêt de la société, qui est la sphère que ces droits concernent et sur laquelle ils agissent.

« Bien loin donc que l'égalité soit le principe des droits politiques, c'est l'*inégalité* qui en est le principe : *les droits politiques sont nécessairement inégaux, inégalement distribués.*

« C'est là un fait qu'attestent et consacrent toutes

les constitutions du monde. La limite de cette inégalité
peut varier à l'infini ; les droits politiques s'étendent ou
se resserrent selon une multitude de circonstances différentes. Mais l'*inégalité demeure toujours leur principe*,
et quiconque parle d'égalité en matière de droits politiques confond deux choses essentiellement distinctes
et différentes : l'*existence individuelle* et l'*existence sociale* ; l'*ordre civil* et l'*ordre politique*.

« En matière de liberté, il y a des droits universels, des
droits égaux ; en matière de gouvernement, il n'y a que
des droits spéciaux, limités, inégaux. » (*Discours* du
5 octobre 1831.)

Cette inégalité politique, affirmée avec hardiesse, ce n'est pas une loi qui la crée ; elle est
le fait de la nature, fatale comme elle. Il appartient à la loi de la régler, non de la constituer, ou
de la supprimer en la niant. Ainsi se dégage cette
classe nouvelle, qui, en théorie, n'est pas fermée,
qui s'alimente et se renouvelle par un incessant
mouvement de la fortune, de la capacité et des lumières, et dans laquelle le gouvernement puise
les sucs vitaux de la politique. La *classe moyenne*
n'a pas de limites fixes :

« M'avez-vous entendu dire où elle commençait, où elle
finissait ? Je m'en suis soigneusement abstenu ; je ne
l'ai distinguée ni d'aucune classe supérieure, ni des classes inférieures ; j'ai simplement exprimé ce fait général
qu'il existe, au sein d'un grand pays comme la France,
une classe qui n'est pas vouée au travail manuel, qui ne
vit pas de salaires, qui a, dans sa pensée et dans sa vie,
de la liberté et du loisir, qui peut consacrer une partie
considérable de son temps et de ses facultés aux affaires

publiques, qui possède non seulement la fortune nécessaire pour une pareille œuvre, mais aussi les lumières et
l'indépendance sans lesquelles cette œuvre ne saurait être
accomplie.

« Lorsque, par le cours du temps, cette limite naturelle de la capacité politique se sera déplacée, lorsque
les lumières, le progrès de la richesse, toutes les causes
qui changent l'état de la société auront rendu un plus
grand nombre d'hommes capables d'exercer avec bon
sens et indépendance le pouvoir politique, alors la
limite légale changera. C'est la perfection de notre gouvernement, que les droits politiques, limités à ceux qui
sont capables de les exercer, peuvent s'étendre à mesure
que la capacité s'étend ; et telle est en même temps l'admirable vertu de ce gouvernement, qu'il provoque sans
cesse l'extension de cette capacité, qu'il va semant de
tous côtés les lumières, l'intelligence, l'indépendance ;
en sorte qu'au moment où il assigne aux droits politiques
une limite, à ce moment même il travaille à déplacer cette
limite, à la reculer et à élever ainsi la nation entière.

« Comment pouvez-vous croire, comment quelqu'un a-
t-il pu croire qu'il me fût entré dans l'esprit de constituer la classe moyenne d'une façon étroite, privilégiée,
d'en refaire quelque chose qui ressemblât aux anciennes
aristocraties ? Permettez-moi de le dire : j'aurais abdi-
qué par là les opinions que j'ai soutenues toute ma vie ;
j'aurais abandonné la cause que j'ai constamment défen-
due, l'œuvre à laquelle j'ai eu l'honneur de travailler sous
vos yeux et par vos mains.

« Quand je me suis appliqué à répandre l'instruction
dans le pays, quand j'ai cherché à élever, dans l'ordre
intellectuel, les classes qui vivent de salaire, à leur faire
acquérir toutes les connaissances dont elles ont besoin,
c'était, de ma part, une provocation continue à acquérir
des lumières plus grandes, à monter plus haut ; c'était

le commencement de cette œuvre de civilisation, de ce
mouvement ascendant et général qu'il est dans la nature
humaine de souhaiter et dans le devoir des gouvernements de seconder. Je repousse donc ces accusations de
système étroit, étranger aux intérêts et aux sentiments
généraux de la nation, uniquement voué aux intérêts
spéciaux de telle ou telle classe de citoyens ; je les repousse absolument. » (*Discours* du 5 mai 1837.)

A consulter la raison seule, on cherche vainement le vice du système. Que ce rôle de conseiller
du pouvoir soit attribué à ceux-là seuls qui ont la
sagesse, les lumières, la dignité dans la conduite,
on n'y saurait contredire ; surtout si cette classe
d'hommes, toujours ouverte et en mouvement,
se renouvelle, se rajeunit, se tempère ou s'avive
par d'incessantes recrues.

Est-il vrai qu'en parlant d'une classe moyenne,
dans un pays autrefois divisé en classes, Guizot
ait fait la faute de paraître substituer une domination à une autre et qu'il ait remplacé par le privilège bourgeois le privilège aristocratique ?

On l'a dit ; on a reproché à cet homme d'État
de n'avoir pas vu que, dans la complexité infinie
des sociétés modernes, ce n'était pas assez que
de parler d'*une classe moyenne*. Il y aurait eu plus
de sagesse pratique et d'intelligence historique à
parler de ces *classes* nombreuses et diverses, éta-
gées, se touchant, se pénétrant, entre lesquelles
une circulation constante permet aujourd'hui à
tout homme l'ascension du très bas vers le som-

met. Ainsi ce spectre de l'aristocratie bourgeoise, repue, satisfaite, égoïste et bornée, se fût évanoui ; au lieu d'une *classe* moyenne, on eût parlé des *classes* moyennes. « L'erreur a peut-être été de mettre un singulier collectif où il fallait un pluriel (1). »

La critique est pénétrante, et ce pluriel peut-être eût désarmé l'envie d'en bas. N'y comptons pourtant qu'à demi. Les passages sont nombreux dans les œuvres de Guizot, discours, ouvrages d'histoire, écrits de toute sorte, où il n'est question que des *classes*, et non de la *classe* moyenne ; et ce pluriel n'a conquis aucun adversaire (2).

Le vrai, c'est que Guizot voit très nettement la variété des éléments dont se compose ce milieu politique, et de quelles couches diverses, à des profondeurs inégales, il pompe les sucs nourriciers. Mais il lui plaît de penser qu'élevés, par des titres que la loi consacre, à la dignité politique, leur confusion devient harmonie, leur diversité se resserre en unité, pour former ce corps homogène, souple, vivant et sain qui est la *classe légale* par laquelle s'exprime l'âme du pays.

Non ; le vice véritable du système est d'avoir été proposé trop tard. Ce n'est pas lorsque un pays a cru pratiquer le suffrage universel et y avoir

(1) Emile Faguet, *Politiques et moralistes du XIXᵉ siècle*, 1ʳᵉ série, p. 328.

(2) Voir notamment dans les *Mémoires*, I, 61, 62, 168, 169, 170, 320, II, 229, III, 101, 102, etc.

droit, qu'on peut espérer contenir son ambition politique dans les limites de la raison. Du jour où la capacité politique a été attachée, comme une conséquence naturelle, à la dignité d'homme, les philosophes sont mal venus à vouloir soumettre ces droits contestables à la critique de la raison. Un siècle plus tôt, le régime du suffrage restreint eût comblé les vœux du pays ; on eût vu dans cette conception un monument de la sagesse humaine ; ce système politique eût sans doute assuré alors à la France le repos et la dignité de plusieurs générations. Après 1830, ce n'était plus assez.

D'ailleurs, Guizot semblait se plaire à exagérer le caractère restrictif du système, en se refusant à toute réforme. Il voulait, en théorie, l'élargissement graduel de la classe moyenne ; et on eût dit qu'il ne craignait rien tant que son extension. Cette répugnance avait d'autres causes ; Guizot avait le pressentiment de la rapidité avec laquelle, dès que les rênes seraient rendues, on brûlerait les étapes, du suffrage restreint au suffrage universel ; et cette conséquence extrême l'épouvantait.

« Sans nul doute, ce doit être le but, et c'est le résultat naturel des bonnes institutions sociales d'élever progressivement un plus grand nombre d'hommes à ce degré d'intelligence et d'indépendance qui les rend capables et dignes de participer à l'exercice du pouvoir politique ; mais entre ce principe de gouvernement libre et le suf-

frage universel donné pour loi première et fondamentale
aux sociétés humaines, quel abîme ! quel oubli d'un nombre infini de faits, de droits, de vérités ! » (M. VI,
346.)

Cet ennemi, la funeste prépotence du nombre,
Guizot l'attaqua avec son courage et sa sincérité
ordinaires, habile à découvrir les formes diverses
sous lesquelles ses partisans le dissimulaient.
Il se défendait pourtant de toute prévention systématique et absolue contre le suffrage universel :

« Je reconnais que, dans certains états et certaines limites de la société, il peut être praticable et utile ; j'ad-
mets que, dans certaines circonstances extraordinaires
et passagères, il peut servir tantôt à accomplir de grands
changements sociaux, tantôt à retirer l'Etat de l'anarchie, et à enfanter un gouvernement. Mais dans une
grande société, pour le cours régulier de la vie sociale,
et pour un long espace de temps, je le regarde comme un
mauvais instrument de gouvernement, comme un instrument dangereux tour à tour pour le prince et pour le
peuple, pour l'ordre et pour la liberté. » (M. VI, 373.)

Guizot, en parlant de Talleyrand, s'est plu à
énumérer les qualités maîtresses de l'homme
d'Etat. Il signale, entre autres, l'autorité du caractère, la fécondité de l'esprit, la promptitude de
résolution, la puissance de la parole, l'intelligence
sympathique des idées générales et des passions
publiques.

Guizot réunit la plupart de ces mérites ; personne n'eut à un degré plus haut l'autorité du

caractère et la puissance de la parole ; mais il manqua presque entièrement de cette sympathie pour les idées générales et les passions publiques, sans laquelle un homme d'Etat paraît isolé de son temps et sans action sur lui. Il connaissait ces idées et les avait étudiées, analysées, discutées ; mais il ne leur avait fait aucun emprunt pour modifier le fond originel de son propre esprit. Intellectuellement, il n'a été étranger à aucun des problèmes politiques ou sociaux de son temps.

« Nous avons vécu et agi, de 1840 à 1848, en présence et sous le feu de plusieurs idées que je voudrais résumer et caractériser aujourd'hui :

« Le droit universel des hommes au pouvoir politique ; — le droit universel des hommes au bien-être social ; — l'unité et la souveraineté démocratiques substituées à l'unité et à la souveraineté monarchiques ; — la rivalité entre le peuple et la bourgeoisie succédant à la rivalité entre la bourgeoisie et la noblesse ; — la science de la nature et le culte de l'humanité mis à la place de la foi religieuse et du culte de Dieu : telles étaient les idées que, sous des noms divers, républicains, démocrates, socialistes, communistes, positivistes, des partis politiques, des groupes philosophiques, des associations secrètes, des écrivains isolés, tous adversaires du gouvernement établi, prenaient pour maximes fondamentales et travaillaient ardemment à propager. » (M. VI, 346.)

Il y a dans cette énumération une parfaite exactitude ; il y manque, au plus haut degré, ce que nous pourrions appeler la sympathie

des questions. Etait-ce un accident ou le développement d'une loi fatale qui multipliait ainsi
les problèmes et les compliquait ? Cette grande
force démocratique dont Guizot parle souvent,
qu'était-ce donc ? Un désordre social ou une transformation ?

La grande erreur de Guizot fut de n'y voir
qu'un accident ; sa profonde intelligence historique fut ici en défaut ; et au lieu de chercher
à organiser et discipliner ce mouvement, Guizot
s'usa en efforts stériles pour l'entraver. Il eut le
tort de confondre la démocratie avec le régime
dangereux et immoral de l'égalité à outrance, qui
réclamerait pour les hommes une conformité de
condition, sans tenir compte des mérites et sans
distinguer les qualités.

La démocratie ne prétend qu'à supprimer les
avantages illégitimes de la naissance ; elle prend
l'homme au seuil de la vie et le débarrasse de
toutes les entraves sociales qui ont, pendant des
siècles, paralysé les efforts des générations anté-
rieures. Ainsi libre, il peut développer ses facultés,
espérer de leur exercice les plus hautes récom-
penses, et, parti de rien, arriver à tout.

La démocratie a ses courtisans comme tous les
pouvoirs. Ceux-ci vantent ses bienfaits et voilent
ses faiblesses ; il en est pourtant de très réelles.

La démocratie, ayant pour elle la force du
nombre, est exposée à une grande mobilité dans
les desseins politiques ; car c'est le propre de la

multitude de se laisser mener par la passion, qui est mobile et variable.

Comme elle est le gouvernement des petits et des faibles, elle céderait volontiers, si elle n'y prenait garde, à un coupable sentiment d'envie contre tout ce qui est supérieur. Sa tendance serait de faire l'égalité en abaissant les sommets, plutôt qu'en comblant les bas-fonds. Une société faite d'après ce plan verrait le règne de la médiocrité et serait destituée de toute grandeur. L'éducation de la démocratie en est à peine à ses débuts. Il y avait peut-être, même sous Louis-Philippe, un autre rôle à tenter, plein de périls et d'honneur : celui d'initiateur de la démocratie par une marche prudente à la vie publique, au lieu de lui donner l'occasion, par une résistance entêtée, de grossir ses masses profondes en arrière de fragiles digues, pour les emporter avec fracas et d'un seul coup.

IV

Il y eut pourtant, dans cette carrière d'homme d'Etat, une heureuse inconséquence. Tandis qu'il répondait aux prétentions de la démocratie par un *jamais* inflexible, Guizot faisait l'acte le plus décisif pour en ménager sans secousse l'avènement. La pensée de répandre l'instruction populaire et d'appeler le peuple entier aux bienfaits

des connaissances, ne se concilie pas avec ce
prétendu système de classes à jamais fermées,
superposées, mais impénétrables.

La diffusion du savoir est un levain qui, tôt ou
tard, doit agiter la masse inerte de la nation dans
ses profondeurs ; de bas en haut, ses éléments
divers entreront en mouvement. C'est chimère de
prétendre réserver l'immobilité dans les couches
supérieures et de vouloir mettre à l'abri de cette
ascension une classe privilégiée. Guizot ne se faisait aucune illusion sur les conséquences ; il
discernait parmi les mobiles des partisans de l'instruction populaire un grand orgueil, une confiance
présomptueuse dans le mérite et la puissance
de l'intelligence, une ambition sans mesure, la
passion d'une prétendue égalité. Mais, en dépit de
ce mélange dans les sentiments, l'instruction populaire lui paraissait fondée en droit comme en
fait ; il la regardait comme une justice envers le
peuple et une nécessité pour la société.

« Parce que j'ai combattu les théories démocratiques
et résisté aux passions populaires, on a dit souvent que
je n'aimais pas le peuple, que je n'avais point de sympathie pour ses misères, ses instincts, ses besoins, ses
désirs.

« Si ce qu'on appelle aimer le peuple, c'est partager
toutes ses impressions, se préoccuper de ses goûts plus
que de ses intérêts, être en toute occasion enclin et prêt
à penser, à sentir et à agir comme lui, j'en conviens, ce
n'est pas là ma disposition. J'aime le peuple avec un dévouement profond, mais libre et un peu inquiet ; je veux

le servir, mais pas plus m'asservir à lui, que me servir de lui pour d'autres intérêts que les siens ; je le respecte en l'aimant ; et parce que je le respecte, je ne me permets ni de le tromper ni de l'aider à se tromper lui-même.

« On lui donne la souveraineté ; on lui promet le complet bonheur ; on lui dit qu'il a droit à tous les pouvoirs de la société et à toutes les jouissances de la vie. Je n'ai jamais répété ces vulgaires flatteries ; j'ai cru que le peuple avait droit et besoin de devenir capable et digne d'être libre, c'est-à-dire d'exercer, sur ses destinées publiques et privées, la part d'influence que les lois de Dieu accordent à l'homme dans la vie et la société humaines. C'est pourquoi, tout en ressentant pour les détresses matérielles du peuple une profonde sympathie, j'ai été surtout touché et préoccupé de ses détresses morales, tenant pour certain que, plus il se guérirait de celles-ci, plus il lutterait efficacement contre celles-là, et que pour améliorer la condition des hommes, c'est d'abord leur âme qu'il faut épurer, affermir et éclairer. » (M. III, 54.)

C'est ici en vérité un spectacle rare de tout temps : un serviteur du peuple qui se voue à la défense de ses vrais intérêts sans le flatter, et qui prend plaisir à se dérober à lui-même le mérite de ses services, par la hauteur désintéressée avec laquelle il distribue ses bienfaits. Guizot voyait nettement que, de toutes les ambitions, la plus ardente dans les classes populaires est, de nos jours, l'ambition de l'esprit ; le peuple en attend à la fois des plaisirs d'amour-propre et des moyens de fortune. Mais cette ambition elle-même a ses périls ; le « mauvais petit savoir populaire » est plus dangereux et plus asservissant peut-être

que l'ignorance : il traîne avec lui un cortège d'i-
dées vagues, malsaines, incohérentes et fausses,
dont les ravages sont redoutables sur des esprits
sans défense. La célèbre loi du 28 juin 1833
devait satisfaire cette ambition de l'esprit ; mais
elle songeait aussi à la surveiller et à la diriger.

De tels actes législatifs suffiraient à sauver de
l'oubli le nom d'un ministre. Fondée par cette loi,
l'instruction primaire est aujourd'hui, en France,
une institution publique et un fait acquis. Mais,
ne l'oublions pas ; c'est au prétendu patron de la
bourgeoisie que le peuple doit sa charte d'affran-
chissement intellectuel.

L'œuvre de Guizot au ministère de l'Instruction
publique est le terrain neutre où s'accordent les
éloges des partis. Mais il faut toujours que la
louange ait son venin. On a parfois exalté les
mérites de l'éducateur national, avec le regret
qu'il n'ait pas borné là son ambition et limité
avec sagesse le champ d'exercice de ses facultés.

La sagesse n'est pas l'unique arbitre de la vie,
même pour les sages. Si contenue que soit l'ambition d'un homme politique, il s'interdit malaisément de toucher aux grands objets et de manier
les grandes affaires. L'Intérieur et l'Extérieur,
voilà le champ sans limites où peuvent se déployer la volonté et le génie d'un homme d'Etat.
La politique étrangère fut une des préoccupations
favorites de Guizot.

Il n'y fut point attiré par une de ces fantaisies

dangereuses qui voient dans les combinaisons de
la diplomatie ou le jeu de la guerre un aliment
pour l'orgueil, l'ambition, les désordres d'une
imagination désœuvrée. Il y voyait au contraire
un impérieux devoir de patriote et le corollaire
de sa politique intérieure de résistance. Deux
puissances, pensait-il, se disputent le monde con-
temporain, l'esprit de civilisation et l'esprit de
révolution. Voilà le bon et le mauvais génie de
notre époque. L'esprit de civilisation veut l'empire
du droit au sein de la paix ; l'esprit de révolution évoque incessamment la force, et poursuit,
tantôt par l'anarchie, tantôt par la tyrannie, le
règne de la démocratie pure.

« C'est entre ces deux puissants esprits qu'est engagée
la lutte qui travaille aujourd'hui l'Europe et qui décidera de son avenir. Dans cet état de la société européenne, le respect du droit public européen est, pour
tout gouvernement régulier, un devoir impérieux et une
prévoyance nécessaire ; de nos jours, l'ambition qui
remue le monde au mépris de ce droit et pour la seule
satisfaction de ses désirs, est aussi étourdie que criminelle. » (M. IV, 13.)

Y a-t-il donc un droit public européen ? — Oui,
répond Guizot. Il y a une Europe, c'est-à-dire :

« Une société de peuples et d'États à la fois divers et
semblables, séparés et point étrangers, non seulement
voisins, mais parents, unis entre eux par des liens moraux et matériels qu'ils ne sauraient rompre, par le mélange des races, la communauté des religions, l'analogie

des idées et des mœurs, par de nombreux et continuels rapports industriels, commerciaux, politiques, littéraires, par des progrès de civilisation variés et inégaux, mais qui tendent aux mêmes fins.

« Ce grand fait a eu pour conséquence naturelle la formation progressive d'un droit public européen et chrétien, c'est-à-dire l'établissement de certains principes compris et acceptés comme la règle des relations des Etats. Ce droit devient de plus en plus clair et impérieux à mesure que la civilisation générale se développe et que les rapports mutuels des peuples deviennent plus fréquents et plus intimes.

« Les maximes essentielles et incontestées du droit public européen sont en petit nombre. Parmi les principales se rangent celles-ci :

1° La paix est l'état normal des nations et des gouvernements. La guerre est un fait exceptionnel et qui doit avoir un motif légitime.

2° Les Etats divers sont entièrement indépendants les uns des autres, quant à leurs affaires intérieures. Chacun d'eux se constitue et se gouverne selon les principes et dans les formes qui lui conviennent.

3° Tant que les Etats vivent en paix, leurs gouvernements sont tenus de ne rien faire qui puisse troubler mutuellement leur ordre intérieur.

4° Nul Etat n'a le droit d'intervenir dans la situation et le gouvernement intérieur d'un autre Etat qu'autant que l'intérêt de sa propre sûreté lui rend cette intervention indispensable. » (M. IV, 4.)

Ces principes du droit public européen moderne, que Guizot dégageait de l'histoire des derniers siècles, s'offraient comme une protestation contre la politique de l'Empire et de la Révo-

lution. La propagande et l'intervention systématique au nom d'une idée, le déchaînement de la
passion belliqueuse dont les derniers bouillon-
nements agitaient encore le pays, tels étaient, en
1830, les deux dangers dont la politique libérale
menaçait la France. Sur ce point, la tradition
révolutionnaire et la tradition militaire se confon-
daient ; le général Lamarque donnait la main à
M. Mauguin. On se rappelle les termes du programme remis à Guizot, le 6 août 1830, au pied
de l'escalier du Palais-Royal, par M. Boinvilliers :

« Qu'on marche hardiment vers le Rhin ; qu'on y
porte la frontière, et qu'on y continue par la guerre le
mouvement national ; qu'on l'entretienne par ce qui l'a
provoqué. Ce ne sera d'ailleurs rien faire que prendre
l'initiative ; ce sera rallier l'armée, l'associer à la Révolution. Ce sera parler à l'Europe, l'avertir, l'entraî-
ner. »

Il paraissait à Guizot que la France avait assez
parlé à l'Europe, pendant les quinze premières
années du siècle, et qu'en fait de propagande, elle
lui devait seulement celle de l'exemple : un gouvernement fort et sage, appuyé sur des institutions
libres. Toute velléité belliqueuse s'offrait alors
sous la forme diverse ou combinée d'un appétit
de conquête ou d'une explosion de turbulence
révolutionnaire. Alors encore un grand nombre
d'esprits étaient en proie à cette fièvre d'ambition
que les grands spectacles de l'Empire avaient al-

lumée ; une sorte de diplomatie aventureuse et gigantesque faisait fermenter les imaginations ; les grands revers n'avaient pas désabusé des projets chimériques ; on était encore dans cette période où les souvenirs enfantent les rêves.

L'amplitude du mouvement dans un sens donne la mesure du mouvement en sens inverse. Guizot pensa que le vrai patriotisme devait avoir une formule nouvelle : rétablir le calme dans les esprits, et les guérir de la folie d'un remaniement continuel du monde politique européen ; placer la France vis-à-vis de l'Europe dans des rapports nouveaux d'indépendance et de désintéressement.

Le temps n'est plus où l'ambition et la force pouvaient se déployer librement et compter sur de solides triomphes ; où de grands bouleversements territoriaux pouvaient s'accomplir par les seuls coups de la guerre et se régler selon la seule volonté des vainqueurs. Le respect du droit public européen est, pour tout gouvernement régulier, un devoir impérieux et une prévoyance nécessaire ; de nos jours, l'ambition qui remue le monde au mépris de ce droit, et pour la seule satisfaction de ses désirs, est aussi étourdie que criminelle.

Aux yeux de Guizot, le principe de non-intervention se confond avec le principe même de la liberté des peuples.

« Peu importe le mode de l'intervention, le titre auquel l'intervention se fait ; on peut intervenir de plus d'une manière ; on peut intervenir par des relations diplomatiques ou par des conspirations ; on peut intervenir par des congrès ou des sociétés secrètes ; on peut intervenir au nom du principe de la légitimité, ou au nom du principe de la souveraineté du peuple. Quelle que soit l'origine de l'intervention, quels que soient les moyens par lesquels elle s'exerce, dès qu'elle est armée, violente, elle porte atteinte à la liberté des nations ; elle est une violation de ce principe salutaire de non-intervention qui est la base du droit des gens, le principe en vertu duquel les gouvernements et les peuples vivent en paix les uns avec les autres. » (*Discours à la Chambre des députés*, du 15 janvier 1831.)

Guizot voit dans la paix, non seulement la source de la prospérité publique, mais, quand elle est fortifiée par la conscience du droit et de la force, un principe supérieur de dignité nationale.

« La France n'en est point à recevoir la paix de l'Europe. La paix ! C'est la France qui la donne. La France porte la paix ou la guerre dans les pans de sa robe ; c'est à l'Europe à la mériter de la France par sa sincérité, par la loyauté de sa conduite. La France sait ce qu'elle tient dans sa main ; elle sait qu'elle fera la guerre si la guerre lui convient, si l'Europe ne mérite pas la paix. J'ai la ferme confiance que l'Europe comprendra qu'elle a besoin que la France lui donne la paix et qu'elle fera, pour la France, ce qui peut seul décider la France à la lui donner. » (*Discours à la Chambre des députés*, 30 mars 1831.)

Cet amour obstiné de la paix n'était pas fait

pour plaire à tous les partis, alors surtout que la
fièvre impériale n'était pas encore tombée. Il faut
convenir aussi que pour une nation nerveuse et
susceptible, ce refrain pacifique, mainte fois repris
et accentué, n'avait pas la fière allure qui fait, à
certaines heures, bondir les cœurs.

Ici du moins l'expérience a servi la mémoire
de Guizot. Nous comprenons mieux aujourd'hui
tout ce qu'il y eut de folie dans notre intervention
systématique, au profit d'une idée, chez les peuples voisins. Ainsi se sont amassées ces rancunes
dont l'explosion fut effroyable. Nous savons le
prix du recueillement et de l'attente ; nous ne
répugnons plus à concentrer, pour l'amélioration
de notre régime intérieur, ce trop-plein de forces
dépensé autrefois au dehors pour la propagande,
avec une générosité chevaleresque.

Il est téméraire de vouloir dire quels profits
nous eût valus, de 1830 à 1848, une politique
belliqueuse ; mais on peut hautement déclarer
ce qu'elle nous eût coûté, d'une seule part ; nous
n'aurions peut-être pas l'Algérie, si nous avions
trop obstinément songé à la Pologne.

V

De tous les éléments de la gloire de Guizot, il en
est un seul que le temps a tout à fait respecté ; et
c'est peut-être celui que, d'ordinaire, le temps
épargne le moins : sa réputation d'orateur.

Comme il y a dans le mérite oratoire quelque chose qui tient au plus éphémère de nous-mêmes, l'extérieur, le geste, la voix, les nerfs, une bonne part de ces avantages (et non les moins expressifs) s'évanouit avec l'homme lui-même. Il n'en reste que le souvenir; et il faut à la postérité quelque complaisance pour les ranimer et s'en laisser toucher par contre-coup.

Parfois, c'est un artifice de la malignité des partis de faire, dans le même homme, une distinction entre le politique et l'orateur, et de grandir le second au détriment du premier. C'est dire clairement que sa supériorité momentanée était faite de surprises d'avocat, et ravaler l'éloquence au rang d'un prestigieux bavardage. Cette ruse de l'envie ne prévaudra point contre Guizot. Si le temps n'a pas respecté sa politique, il a laissé intacte sa renommée d'orateur.

Guizot devait aux lettres de nous donner lui-même « ce beau chapitre de rhétorique française », que Sainte-Beuve lui demandait et qui eût été d'un prix infini. Il eût fait pour lui-même ce que Cicéron s'est bien gardé d'omettre: la théorie de ce grand art d'après sa propre expérience, livrant le secret de ses études, de ses tâtonnements, de ses progrès, de ses triomphes. C'est chose précieuse à recueillir, l'opinion que les maîtres de l'art se font de l'éloquence; dans quelle mesure s'y mêlent et s'y soutiennent la nature et l'étude, l'inspiration et l'effort, l'inconscience et l'application. S'il eût touché un tel sujet, Guizot eût certainement conclu avec l'auteur du *De Oratore* : « L'éloquence offre bien plus de difficultés qu'on ne le pense ; elle se compose d'une réunion parfaite de talents et de connaissances : *pluribus ex artibus studiisque collectum.* »

Le détail de ces talents, les anciens l'avaient analysé, en maîtres ouvriers qui voulaient connaître dans tous ses secrets cet incomparable instrument de domination.

« L'éloquence exige beaucoup de qualités sans lesquelles elle ne serait qu'un bavardage, inutile et ridicule ; son mérite dépend non seulement du choix, mais aussi de l'arrangement des mots, de l'étude approfondie des passions multipliées que la nature a mises dans le cœur humain, de la force que l'orateur emploie pour les apaiser ou les exciter dans l'âme de ses auditeurs ; ajoutez à ces moyens l'agrément et les charmes du style, la science du monde, la vivacité et la brièveté dans l'attaque et dans la défense, unis à l'adresse et à l'urbanité.

« Il faut aussi posséder l'histoire pour y puiser des exemples, et être versé dans la jurisprudence.

« Que ne dirai-je pas encore de l'action ? Elle suppose les mouvements du corps, le geste, le jeu de la physionomie, la voix et les inflexions variées, dont l'art théâtral nous fait sentir l'importance. Que dirai-je de la mémoire dépositaire des trésors de l'esprit ? Gardienne de nos pensées, de nos découvertes, de nos expressions, que seraient sans elle les talents les plus distingués de l'orateur ?

.... « Je ne parle pas ici d'un déclamateur insipide,

d'un méchant avocat, mais d'un orateur accompli, le premier dans son art, et tellement élevé au-dessus de lui-même qu'il semble avoir reçu du ciel le don de la parole, et nous porte à penser que l'éloquence, que nous regardons comme notre propre apanage, est l'ouvrage des dieux. Je parle d'un orateur qu'on révère et qu'on craint, comme s'il portait le caducée, d'un orateur tranquille et calme au milieu des traits de ses ennemis, qui maîtrise une nation entière, la fait sortir de sa léthargie, relève son courage abattu et la rend à l'honneur. » (Cicéron. *De oratore*, Liv. I, 5 et 46.)

Guizot avait reçu de la nature les dons essentiels de l'orateur : une âme ardente, prompte à s'allumer au feu des nobles passions, capable d'enthousiasme. Il avait, en outre, ce talent inné d'expression qui fait passer de soi aux autres les sentiments, les passions diverses. Agir sur l'homme par la communication de sa propre vie morale ; faire tomber, d'un geste et d'un mot, ces invisibles murailles qui font de tout homme, avant ce miracle, un être clos, impénétré, prêt à la résistance ; faire courir de l'un à l'autre le mystérieux fluide qui fait de cent êtres un seul être, efface et confond les personnalités dans un élan de foi commune : voilà ce que l'art le plus achevé ne fera jamais, si la nature n'a déposé chez l'artiste la divine étincelle où s'allumera la flamme oratoire.

A vingt ans, Guizot, passant à Ouchy, rendit visite à Mme de Staël ; on parla de Paris, de l'Empereur, de Chateaubriand et du *Mercure*.

Le jeune homme cita une phrase éloquente d'un récent article, dans laquelle Chateaubriand flétrissait la tyrannie.

« Mon accent était sans doute ému et saisissant, comme j'étais ému et saisi moi-même ; Mme de Staël me prit vivement par le bras en me disant : « Je suis sûre que vous joueriez très bien la tragédie ; restez avec nous et prenez place dans *Andromaque*. » C'était là chez elle le goût et l'amusement du moment. » (M. I, 12.)

Un autre souvenir met en valeur cette première impression de Mme de Staël. La grande tragédienne Rachel, au sortir d'une séance de la Chambre où Guizot avait parlé, s'écria : « J'aimerais à jouer la tragédie avec cet homme ! »

Même à défaut de tout autre témoignage, et s'il s'agissait d'un orateur de l'antiquité, un point resterait acquis. L'homme qui frappait de surprise deux esprits si divers et leur communiquait la vive sensation de l'art, possédait ces dons de communication mystérieuse par lesquels l'âme parle à l'âme, s'impose à elle et la subjugue.

« C'est le corps qui parle au corps », a dit Buffon des formes inférieures de l'éloquence. Le corps, chez Guizot, réduit au nécessaire, paraissait n'être là que pour servir l'âme, non pour travestir ou amplifier grossièrement son action. Guizot était petit et de frêle stature ; mais la figure était belle, expressive ; le profil avait une beauté sculpturale ; le front était haut, largement découvert ; les

tempes creusées ; la bouche fine, d'un dessin très
pur ; les yeux, admirablement beaux, s'illuminaient d'éclairs de passion et faisaient rayonner
son visage. La voix sonore, profonde, prenait
dans l'indignation ou la colère des accents tragiques ; et le geste, soutenant le regard, accentuait
l'autorité de la parole, dont il avait la souveraineté
et l'ampleur.

Guizot a dit de Casimir Périer :

« A la tribune, il n'était ni souvent éloquent, ni toujours adroit, mais toujours efficace et puissant. Il inspirait confiance à ses partisans, malgré leurs doutes ; et il
en imposait à ses adversaires au milieu de leurs irritations. C'était la puissance de l'homme, bien supérieure
à celle de l'orateur. » (M. II, 195.)

Il y eut chez Guizot cette double force de
l'homme et de l'orateur ; avant même que son
talent oratoire n'eût pris tout son développement,
l'autorité qui rayonnait de lui, inclinait l'auditoire
à la docilité et fixait l'attention. On sentait devant
soi cette double puissance du caractère et de l'esprit. Par là déjà, on tient les hommes, et qui les
tient, se fait écouter.

L'immense réserve de connaissances nécessaire
à l'orateur, vingt années de labeur l'avaient assurée à Guizot. L'effort de son travail s'était porté
sur toutes les grandes questions de l'ordre historique et politique ; il avait médité sur les systèmes, discuté les idées, recueilli, contrôlé les

faits ; le vaste champ de l'histoire s'étendait tout entier sous son regard, offrant en foule, suivant l'occasion, exemples, matières de comparaison, sujets de critique, éléments de défiance ou d'espoir.

Cet immense labeur secret de la préparation oratoire que l'antiquité imposait à tout candidat aux triomphes de la tribune, Guizot le fit, jour par jour, heure par heure, dès son arrivée à Paris, jusqu'à son entrée à la Chambre des députés. La matière du discours était prête ; mais l'instrument lui-même n'avait été encore ni suffisamment éprouvé, ni exercé.

L'antiquité avait ses écoles où s'apprenait le métier de l'orateur : se servir de la voix, la soutenir, garder le ton ou le varier, composer le geste, régler l'action, se familiariser avec la vue de l'auditoire, ses impatiences, ses distractions, tenir enfin toute prête, au service de la pensée, et disciplinée par un long exercice, cette abondance des mots qui ne doit jamais ni trahir l'orateur, en lui faisant défaut, ni le déborder par un flux tumultueux. C'est du métier sans doute ; mais dans l'art le plus élevé, la part du métier reste toujours grande ; et jamais le métier ne fut inutile, même au génie.

Cette préparation par la palestre oratoire manqua à Guizot, comme elle manque presque toujours aux orateurs modernes ; leur apprentissage se fait à la tribune même, et ils ne savent pas

leur métier quand ils mettent au jour leur premier
chef-d'œuvre. Mais tel était le caractère de
l'homme qu'il souffrit moins qu'un autre de ce
défaut d'exercice. Comme dès le premier jour, il
attendit son succès du mérite de la pensée et
de la conviction communicative de l'orateur, il
eût sans doute retiré un médiocre profit des artifices de l'école.

« Quand on entre dans une arène où se débattent les
affaires d'un pays libre, ce n'est pas pour y faire parade
d'esprit et de beau langage ; il faut s'engager dans la
lutte en véritable et sérieux acteur. » (M. I, 181.)

On ne saurait donner le nom d'apprentissage
oratoire aux années d'enseignement de Guizot. Il
y aurait inconvenance autant qu'erreur. Quand,
du premier coup, on élève un enseignement à la
hauteur où Guizot l'a tenu, on ne fait pas œuvre
d'apprenti ; on présente le modèle achevé d'un
genre à part.

En outre, il n'y a rien de commun entre la
parole du professeur et l'éloquence de l'orateur
politique, si ce n'est qu'ils expriment l'un et l'autre leurs pensées par des mots et qu'ils ont devant
eux un auditoire. Mais tout diffère, et l'auditoire,
et la matière des idées, et les conditions des
rapports, et la nature des passions. Ils le savent,
ceux qui ont tenté cette double épreuve ; et Guizot a
marqué en traits précis ces profondes différences.

« L'habitude de la parole publique ne me manquait

pas ; je l'avais acquise à la Sorbonne ; mais au Palais-Bourbon, un prompt instinct m'avertit que j'avais affaire à un théâtre et à un public tout différents. Comme le prédicateur dans l'église, le professeur parle, du haut de sa chaire, à des auditeurs modestes et dociles, réunis autour de lui par devoir ou par curiosité, qui ne songent pas à le contredire, admettent d'avance son autorité morale et sont disposés, pour peu que sa parole leur plaise, à lui porter confiance et respect. C'est un monologue en présence d'un auditoire favorable.

« L'orateur politique, au contraire, a devant lui des adversaires qui s'apprêtent à le combattre, et des alliés qui ne lui donneront leur appui que s'il leur assure la victoire. Il est en dialogue continu, d'une part avec des ennemis passionnés, de l'autre avec des amis exigeants, qui siègent là comme des juges.

« Et ce n'est pas seulement à ses contradicteurs déclarés, à ses rivaux d'éloquence qu'il a affaire ; il traite, en parlant, avec toute l'assemblée qui l'écoute et dont il faut qu'il entende et comprenne le silence. S'il ne démêle pas les mouvements rapides et confus qui s'y produisent, s'il ne lit pas les impressions sur les visages, s'il ne saisit pas, pour y répondre d'avance, les objections et les doutes qui traversent les esprits, il aura beau bien parler ; sa parole sera tantôt froide et vaine, tantôt mal comprise, mal interprétée et retournée contre lui. Un obscur mais réel échange de sentiments et d'idées, une conversation sympathique, soudaine et incessante, entre l'orateur et l'assemblée, c'est la condition, comme la difficulté suprême de l'éloquence politique ; sa puissance est à ce prix. » (M. II, 105.)

C'est le 3 mai 1819 que Guizot monta la première fois à la tribune comme commissaire du roi, pour défendre un projet de loi « sur les journaux et écrits périodiques. » Il le dit lui-même : « Il s'acquitta convenablement, mais froidement de sa mission. La Chambre parut goûter ses raisons et lui donna raison. » Mais ce discours souffre d'une double gêne, celle de l'avocat d'office, qui n'a point de vraie responsabilité dans le débat, et du débutant qui ne connaît encore ni ses ressources, ni la portée de son action, et qui se resserre, comme à dessein, par prudence ou timidité.

L'allure est déjà toute autre, quand, pour la seconde fois, à onze ans d'intervalle, Guizot paraît à la tribune de la Chambre, le 16 mars 1830. L'autorité de l'homme politique a singulièrement grandi ; il peut porter le poids de toutes les responsabilités. Il a le droit et le devoir de parler en son nom pour défendre le bien public. La circonstance était solennelle ; il s'agissait de la rédaction de la fameuse Adresse, dite plus tard des 221, et de l'avertissement que la nation voulait donner à une royauté égarée. Un amendement, proposé par M. de Lorgeril, énervait le texte primitif et lui enlevait son caractère. Guizot parla contre l'amendement :

« La surface de la société est tranquille ; si tranquille que le gouvernement peut fort bien être tenté d'en croire le fond parfaitement assuré et de se croire lui-même à l'abri de tout péril. Nos paroles, Messieurs, la franchise de nos paroles, voilà le seul avertissement que le pouvoir ait à recevoir parmi nous, la seule voix qui se puisse élever jusqu'à lui et dissiper ses illusions. Gardons-nous d'en atténuer la force ; gardons-nous d'énerver nos expressions ; qu'elles soient respectueuses, qu'elles soient tendres, c'est notre devoir, et personne n'accuse votre Commission d'y avoir manqué ; mais qu'elles ne soient point timides et douteuses. La vérité a déjà assez de peine à pénétrer jusqu'au cabinet des rois ; ne l'y envoyons pas faible et pâle ; qu'il ne soit pas plus possible de la méconnaître que de se méprendre sur la loyauté de nos sentiments. » (*Discours du* 16 mars 1830, *à la Chambre des députés.*)

Dès le lendemain de la Révolution, Guizot était au pouvoir. Nouveau principe d'autorité pour l'orateur. Cependant il reconnaît lui-même que, dans tous les débats de cette première période, sa disposition était contenue et réservée ; il n'avait rien de cette ardeur provocante qu'on devait tant lui reprocher plus tard. C'est l'époque de l'active et secrète élaboration de son génie oratoire.

Dès les premiers mois de 1831, on peut constater dans l'éloquence de Guizot quelque chose de plus libre, de plus large ; on sent qu'il s'émancipe de jour en jour des entraves de la harangue longuement méditée avant la séance, le ton et le caractère de la dissertation se modifient et s'atténuent ; on n'entend plus un savant et perpétuel monologue ; et quand l'interruption éclate, ce n'est pas un embarras pour l'orateur. Elle est pour lui une occasion de rebondir et de donner à la riposte, avec le piquant de la personnalité, le mouvement, l'imprévu, le jaillissement de la vie.

C'est dans la discussion sur la politique extérieure du 15 janvier 1831 que, pour la première fois peut-être, le vrai discours de tribune succéda à la conférence politique et le dialogue oratoire au monologue professoral.

« Nous qui l'avions écouté et suivi comme professeur, nous assistions non sans intérêt à cette transformation. J'en ai les principaux moments très présents, et, en le voulant bien, je crois que je retrouverais, notées par moi avec curiosité et sur le temps même, ces diverses phases de sa parole publique (1). »

Ces notes de Sainte-Beuve auraient eu un prix infini ; il ne les a point publiées ; et ce coin de l'histoire littéraire de notre siècle manquera toujours de la lumière qu'il eût pu y verser. C'est vers 1833 ou 1834 que Sainte-Beuve marque pour Guizot le moment du développement définitif de l'orateur ; alors le professeur disparut tout à fait pour faire place au lutteur, au combattant, à l'homme d'Etat.

L'éloquence de Guizot était faite d'abord de clarté. Il avait gardé de ses études historiques le don supérieur de l'analyse ; et c'était son premier soin, sa première force, de diviser les idées, de les décomposer pour en montrer les éléments cachés et porter la lumière dans leurs replis.

(1) Sainte-Beuve, *Nouveaux Lundis*, I, 117.

Veut-il imprimer dans les esprits, au lendemain de la lutte, les vrais caractères de la Révolution de 1830 ?

« Il y a, Messieurs, dans notre révolution, un caractère qu'il importe de ne jamais oublier : c'est qu'elle a été *imprévue*, imprévue pour tout le monde, du moins dans le mode de son exécution, pour ceux qui l'ont faite, comme pour ceux qui l'ont subie.

« Et de même qu'elle a été imprévue, elle a été *universelle* ; elle s'est accomplie presque au même moment, non seulement dans Paris où la bataille s'est livrée, mais dans la France entière. Nous sommes absorbés par les événements de Paris, et nous oublions trop qu'au même instant, *spontanément*, sans attendre les nouvelles de Paris, sans les savoir, dans une foule de villes de province, à Rethel, comme à Nantes, sur la simple arrivée des fatales ordonnances, le drapeau tricolore fut arboré et la Révolution commencée.

« Et pendant que le mouvement en faveur de la Révolution était ainsi spontané, nulle part un bras, une voix ne se sont élevés pour la combattre. Ce que prouve ce fait, Messieurs, c'est qu'il n'y eut, dans la Révolution de Juillet, aucune préméditation, aucun complot, aucune conspiration. C'est un mouvement national, national dans sa *spontanéité*, dans son *universalité*.

« Ce mouvement national n'a-t-il été qu'un mouvement d'emportement, un accès qui s'est tout à coup emparé du peuple entier ? Non, Messieurs ; cette Révolution si soudaine, si spontanée, *elle se préparait depuis longtemps* ; elle a mûri lentement. Depuis quinze ans, depuis dix ans surtout, nous y marchions, de l'aveu de tout le monde ; c'est le singulier caractère de cet événement qu'en même temps que, dans son mode d'exécution, il a été imprévu pour tous, il était au fond, depuis quelque temps, prévu de tous comme *inévitable*, et accepté presque de tous comme *nécessaire*. Même avant d'être accompli au dehors, il l'était dans les esprits ; il a été inattendu et prévu en même temps. » (*Discours du 25 novembre 1830 à la Chambre des députés.*)

Comment ne pas voir, quand la lumière est si également distribuée ? Les passions ne sont pas remuées ; on dirait un débat entre purs esprits. Mais les idées sont divisées, classées, étiquetées. On les voit ; rien ne reste dans l'ombre. L'adhésion de l'esprit de l'auditeur est comme forcée par l'évidence.

Veut-on savoir pourquoi le gouvernement de la Restauration est tombé, après avoir eu de justes raisons de durer ?

« Dès son origine, la Restauration a été en proie à deux principes, à deux influences contraires : l'une bonne, l'autre mauvaise ; l'une favorable aux intérêts du pays, conforme à ses sentiments ; l'autre, hostile aux mêmes sentiments, aux mêmes intérêts.

« Ce qui a fait la force de la Restauration (car elle a eu de la force, elle a duré quinze ans au milieu des attaques de ses adversaires et des conspirations) , ce qui a fait sa force, dis-je, c'est d'abord qu'elle s'est présentée à l'Europe comme une garantie de paix, de stabilité, dont la France avait un si grand besoin, après tant de triomphes et de fatigues.

« De plus, la Restauration, en établissant un gouvernement qui n'était pas l'œuvre de sa propre force ni le résultat récent de la volonté de quelques hommes, un gouvernement qui se fondait sur un droit antérieur et ancien, la Restauration a ramené en France, sous un certain rapport, le respect du droit, l'empire de cette idée salutaire sur laquelle la société repose, l'idée qu'il y a des droits acquis, des droits anciens qui ne doivent pas sans cesse être remis en question, qui subsistent par eux-mêmes et sont la base de l'édifice social. Ce principe, la Restauration le portait en elle-même ; il était son meilleur titre, celui qui faisait sa force non seulement en France, mais en Europe.

« En même temps, Messieurs, et par-dessus tout, ce qui faisait la force de la Restauration, c'était la Charte, c'est-à-dire l'adoption des principes les plus essentiels et des principaux résultats de notre Révolution.

« *Gage de paix, respect du droit, adoption par la Charte des grands résultats et des grands principes de notre Révolution*, voilà le bon côté, la bonne influence et ce que j'appellerai volontiers le bon génie de la Restauration.

« Mais en même temps, elle était évidemment en proie à d'autres forces, à d'autres influences. Avant tout, elle portait dans son sein la *prétention à une souveraineté illimitée*, supérieure à toutes les lois, invariable, éternelle, c'est-à-dire la prétention au pouvoir absolu.

« A côté de la prétention au pouvoir absolu, la Restauration portait une disposition constante à favoriser tous les abus de l'ancien ordre de choses qui avait péri avec l'ancienne royauté ; c'est-à-dire tout le *régime aristocratique* et tout le *régime ecclésiastique* qui tenaient dans l'ancienne société une si large place.

« La prétention au pouvoir absolu et la tendance à rétablir l'ancien état social, sans s'inquiéter de savoir s'il convenait aux générations nouvelles, c'était là le mauvais côté, la mauvaise influence, le mauvais génie de la Restauration. » (*Discours du* 25 novembre 1830 *à la Chambre des députés.*)

L'orateur cède au penchant naturel de son esprit porté vers l'analyse. Les exemples en sont nombreux dans les discours de la première manière ; on peut y voir sans doute les suites de la tendance professorale à tout expliquer, à tout classer, pour faire tout voir en son lieu et à son heure ; mais il y a mieux encore. C'est une marque de probité intellectuelle chez un homme d'État de prendre surtout ses éléments de force dans la clarté, la méthode et l'analyse. Il faut autre chose sans doute pour s'emparer puissamment d'une assemblée et la dominer ; mais on la forme du moins ainsi peu à peu à ce premier acte de soumission intellectuelle, qui est d'écouter avec satisfaction parce que l'on comprend, et de voir clair dans les idées, parce que chacune est offerte à son heure, en plein jour, et comme artistement découpée.

Voici un exemple qu'on pourrait croire préparé pour la démonstration du système, tant les éléments de l'analyse y apparaissent distincts. Guizot veut mettre à néant les folles prétentions de ce parti qui croit avoir fait seul la Révolution de 1830 et qui voudrait s'arroger une sorte de pouvoir extra-constitutionnel.

« Ce parti... qu'il me soit permis de le *décomposer*. J'y rencontre d'abord des esprits spéculatifs, amis sincères de la vérité, pleins du sentiment de la dignité humaine, dévoués à ses progrès, qui lui ont rendu et qui lui rendront encore de grands services, mais habituellement dominés par certaines idées générales, par certaines théories fausses, radicalement fausses, aussi bien aux yeux de la raison du philosophe que de l'expérience du praticien...

« A côté de ces personnes, derrière elles, *viennent des fanatiques*, qui croient aussi aux théories, et qui, de plus, y ajoutent des passions personnelles dont ils ne se rendent pas un compte bien rigoureux, mais qui, par l'effet de la passion et d'une conviction sincère, constituent ce qu'on appelle le fanatisme. Les *fanatiques*, il y en a de vieux, il y en a de jeunes ; il y en a qui se désabuseront au cours de la vie, qui deviendront plus raisonnables, plus éclairés, et d'autres qui persisteront dans leur fanatisme. Le monde a toujours offert ce spectacle. Dans mon opinion, voilà le *bon grain du parti*.

« L'ivraie, ce sont d'abord les *ambitieux*, les mécontents. Les révolutions en font, elles suscitent des espérances immodérées. Les ambitieux, il y en a de grands, de petits ; il y en a de capables et d'incapables ; il y en a qu'un gouvernement raisonnable fera très bien de satisfaire, auxquels il faut penser, qui ont des droits, par cela seul qu'ils ont de la capacité et de l'action sur le pays. Il y en a d'autres qu'il faut laisser aller, parce qu'il n'y a rien de bon à en tirer, pas même leur appui.

« Après les ambitieux et derrière eux, *une petite portion de la multitude*, qui veut trouver dans le désordre, non seulement son profit, mais son plaisir ; car les hommes ont encore plus besoin d'émotions, de mouvement, que de toute autre chose ; et c'est le besoin d'émotions, de plaisirs, de spectacles qui met en mouvement la multitude, bien plus que son intérêt. » (*Discours du* 29 décembre 1830 *à la Chambre des députés.*)

L'exercice du pouvoir et la pratique de la tribune devaient développer chez Guizot d'autres parties de l'orateur. C'est l'effet du pouvoir, chez

ceux qui en sont dignes, d'élever la pensée à une
hauteur où ne saurait atteindre la moyenne des
hommes, retenus dans les régions inférieures
par l'étroitesse et la médiocrité de leurs pensées.
Devant l'immense horizon de la politique étrangère, souvent chargé de nuages ou sillonné d'é-
clairs, l'esprit, frappé de la solennité du spectacle
ou surélevé par la majesté des intérêts, voit grand
et va naturellement à une expression grande
de l'idée. Quand ces mots : guerre, paix, patrie,
frontière, drapeau, répondent à des intérêts dont
on a la garde, il est impossible que l'émotion née
de cette familiarité de grands objets ne commu-
nique pas à la parole un accent de sincérité et
une chaleur singulières. Que sera-ce chez ceux
dont l'âme, naturellement grande et fière, a toujours vécu dans le commerce des nobles pensées,
et que la nature a préparés à ce rôle d'interprète
des émotions publiques, qui est celui de l'orateur ?

La pratique de la tribune mit rapidement Guizot en possession de tous les avantages que donnent, devant les hommes assemblés, la faculté de
se maîtriser, le sens des mouvements divers de
l'auditoire, l'indifférence au tumulte, la promptitude à prévenir ou à transformer un incident,
ce mélange de souplesse et d'audace qui ménage
cet adversaire aux cent têtes ou qui en triomphe.

L'instrument de la parole s'assouplit rapidement, la langue s'enrichit, et devint plus mania-
ble : les images éclairèrent le fond primitivement

un peu terne du style, et un large courant de
passion entraîna tout, d'un bout à l'autre de ces
belles harangues, où rien ne sentait plus l'artifice
de la démonstration, où la vie s'échappait de
partout, pleine, vibrante.

Ce fut une heureuse fortune pour le développement de l'éloquence de Guizot que son duel oratoire de huit années avec un adversaire tel que
Thiers. Il connut d'autres antagonistes de premier
ordre, Berryer, par exemple. Mais avec Thiers la
lutte était de tous les jours, pour un enjeu défini,
la possession du pouvoir. Aussi, la parole de
Guizot, autrefois dogmatique et impersonnelle,
s'anime-t-elle parfois de toute la chaleur d'une
lutte d'homme à homme. Mais elle ne perd jamais,
même alors, le grand air qui convient à un ministre défendant ses idées et son parti, non son
portefeuille.

Voici un exemple de cette nouvelle manière de
Guizot. Le cabinet du 1er mars 1840 est tombé ;
le ministère du 29 octobre l'a remplacé ; la politique de l'un et de l'autre pivote sur la question
de la paix ou de la guerre, à propos des affaires
d'Orient.

« Vous êtes tombé, s'écrie Guizot, en s'adressant à
Thiers, parce que vous poussiez à la guerre ; nous
sommes arrivés au pouvoir parce que nous espérions
maintenir en France la paix. Il y a entre vous et nous, à
part toute discussion sur le passé, sur les négociations,
sur la crise ministérelle, il y a entre vous et nous une

différence fondamentale. Vous êtes resté fidèle à votre pensée, nous resterons fidèle à la nôtre.

« Maintenant, croyez-moi : ne nous jetons pas à la tête ces mots : « La paix à tout prix ! La guerre à tout prix ! » Vous le voyez, vous m'y avez forcé ; vous m'avez fait monter à la tribune en me disant que la question était résolue, que nous étions le ministère de la paix à tout prix ; il faut bien que je vous rende votre épithète, il faut bien que je vous appelle le ministère de la guerre à tout prix.

« Mais sortons de cette triste ornière ; permettez-moi de discuter sérieusement avec vous la question de savoir si nos intérêts en Orient, si notre dignité sont gravement compromis, et si le traité du 15 juillet contient réellement ou ne contient pas un cas de guerre. C'est une question qui peut se débattre sans qu'on se dise les uns aux autres qu'on veut la paix ou la guerre à tout prix. La question de la paix ou de la guerre n'est pas une question nouvelle dans le gouvernement représentatif ; ce n'est pas la première fois que des assemblées et des peuples ont été appelés à la débattre. Quand Pitt et Fox discutaient la question de savoir s'il fallait faire ou non la guerre à la République française, ils ne disaient pas : « Vous voulez la paix à tout prix ! vous voulez la guerre à tout prix ! » Non ! non ! ils examinaient sérieusement, sincèrement, s'il y avait des motifs suffisants, des motifs légitimes de guerre, si la guerre entreprise pour de telles raisons serait juste ou injuste, utile ou nuisible au pays, si elle était commandée ou interdite par la raison et l'intérêt national. Voilà la question, la question parlementaire, la question honnête ; débattons celle-là et ne venons pas y substituer une question injurieuse et révolutionnaire.

« Je veux vous le dire. Non, vous n'étiez pas le cabinet de la guerre à tout prix ; pas plus que nous ne

sommes le cabinet de la paix à tout prix. Vous étiez un
cabinet de gens d'esprit et de cœur qui ont cru que la dignité, l'intérêt, l'influence de la France voulaient que la
guerre sortît de cette situation, et qu'il fallait qu'elle s'y
préparât aujourd'hui pour être prête au printemps. Eh
bien, je crois que vous vous trompiez ; je crois que l'intérêt et l'honneur de la France ne lui commandent pas
la guerre dans la situation actuelle, que la guerre ne doit
pas en sortir, que c'est la paix au contraire qui doit en
sortir ; et que si la guerre en sort, ce sera notre faute, la
vôtre d'abord, et la faute de ceux qui ont marché avec
vous.

« Voilà ce que je pense, voilà ce que j'entreprendrai
de démontrer demain, en suivant l'histoire des négociations. Mais, dès aujourd'hui, j'ai voulu protester contre
les paroles, je dois le dire, honteuses et pour vous et pour
nous, que vous avez prononcées à cette tribune ; j'ai
voulu rétablir votre propre dignité, comme la mienne ;
j'ai voulu vous rendre la justice que vous ne m'aviez pas
rendue. Gardons la justice tous deux ; gardons-la et pour
vous et pour moi. Vous croyez la guerre probable et
juste ; je ne le crois pas. Vous avez dit vos raisons ; je
dirai les miennes ; mais, pour Dieu, écartons la guerre
à tout prix, la paix à tout prix. Cela ne convient ni à
vous, ni à moi, ni à la France. » (*Discours du 25 novembre 1840 à la Chambre des députés.*)

Dans le souvenir qu'elle garde des hommes supérieurs, la postérité élimine sans cesse et sim-
plifie pour ramener leur caractère à deux ou trois
traits principaux. Ces sacrifices sont rendus nécessaires par l'impossibilité de tout retenir et la
crainte de tout perdre. Ce qui restera de la puissance oratoire de Guizot, ce n'est ni le don supé-

rieur de l'analyse et de la clarté ; ni la tendance
à tout agrandir et à généraliser ; ni le talent d'é-
lever sans cesse les questions pour les rattacher à
quelque principe supérieur ; ni la sincérité de
l'accent ; mais l'incomparable maîtrise avec
laquelle il mania l'arme terrible du dédain.

Guizot ne fut jamais plus complètement lui-
même à la tribune, sa personnalité ne fut jamais
marquée de traits plus accusés que les jours où
des calomnies faisaient sourdre sa colère et que
son indignation s'échappait en saillies impétueu-
ses. Alors apparaissait, dans toute sa beauté guer-
rière, le courage de cette âme faite pour la lutte,
capable de soutenir mille assauts sans en être
ébranlée, et la lucidité de cet esprit que la poussière de la mêlée ne troublait jamais.

On en connaît un immortel exemple : la séance
du 26 janvier 1844 à la Chambre des députés,
lorsqu'une double opposition coalisée de la droite
et de la gauche lui jeta comme une injure le souvenir de son voyage de Gand (1). Déjà, le 25 novembre 1840, au seuil même de son grand ministère, il avait trouvé et repoussé cette intention
outrageuse

« On m'a depuis longtemps prodigué à ce sujet la ca-
lomnie et l'injure. J'y répondrai enfin. Oui, j'ai été à
Gand ; j'y ai été, non le lendemain du 20 mars, non à la
suite de Louis XVIII, non comme émigré ; non pour

____

(1) Voir plus haut, chapitre Iᵉʳ, p. 53.

quitter, mais pour servir mon pays... J'ai été à Gand, non pas dans un intérêt personnel, mais pour porter à Louis XVIII quelques vérités utiles.

« ... Messieurs, ce n'est pas moi qui ai élevé cet incident, mais je l'ai saisi avec empressement pour dire enfin la vérité sur un acte important de ma vie. Croyez-vous qu'en accomplissant cet acte, je n'aie pas prévu ses conséquences possibles ?... Toutes les fois que j'ai cru et que je croirai qu'un acte en soi légitime peut être utile à mon pays, je n'hésiterai jamais à l'accomplir, quels que soient les nuages qu'il puisse répandre sur mon avenir. »

La question de fait était donc jugée, le vrai rôle de Guizot établi, lorsqu'en 1844, à propos des événements de Belgrave-Square, ces calomnieuses insinuations se firent jour de nouveau à la tribune. Berryer avait ouvert l'attaque. Quand il eut fini de parler, un silence profond s'étendit sur l'assemblée, ce recueillement plein de menaces, qui, dans la nature comme chez les hommes, précède l'orage. Guizot monte lentement à la tribune, et, dépouillant son caractère ministériel, pour laisser à l'attaque toute sa liberté et à la défense toute sa vertu, il dit avec une lenteur calculée :

« Messieurs, je commencerai par vider un incident tout personnel, qui ne regarde ni le gouvernement du roi, ni le cabinet actuel, ni le ministre des affaires étrangères, mais M. Guizot personnellement.... Je l'ai déjà dit à la Chambre, la Chambre sait quel motif m'a fait aller à Gand. »

Ce nom, par une vertu magique, déchaîne la

tempête. Ce sont alors, des deux côtés extrêmes
de l'assemblée, des vociférations, des croisements
d'injures, des clameurs sans nom. Sous ce feu,
l'orateur, impassible, par une sorte de bravade,
jette par intervalle ces mêmes paroles :

« Vous le savez, je suis allé à Gand....
« Je suis allé à Gand......

Sa voix est couverte par le bruit.

« Les honorables membres ne savent pas qu'il y a
quelque chose de plus fort, de plus obstiné que toutes
les interruptions et tous les murmures, c'est la conscience et la volonté de l'homme de bien. »

Impuissante contre ce roc, la colère de l'assemblée revient sur elle-même en puissant re-
mous, pour rebondir encore contre la tribune.

« Je suis allé à Gand, porter à Louis XVIII... »

Et comme il rappelle, au milieu du tumulte,
que, quatre ans auparavant, il a déjà fait
entendre sa justification, il cingle, par deux fois,
la gauche extrême de ces paroles :

« Je m'étonne, messieurs, des progrès qu'a faits la
liberté depuis ce jour-là...
« En vérité, je le répète, j'admire les progrès que vous
faites faire ici à la liberté. »

La gauche a senti le trait et rugit. La droite
légitimiste obéit au mot d'ordre, qui est de ré-
duire l'orateur par l'épuisement. « Si nous ne

pouvons vaincre M. Guizot, disait l'un des plus acharnés, il faut l'éreinter. »

« Messieurs, on peut épuiser mes forces ; mais j'ai l'honneur de vous assurer qu'on n'épuisera pas mon courage ! »

A un député qui lui disait avec sympathie : « Reposez-vous, reprenez haleine », il répondait :

« Quand je défends mon honneur et mon droit, je ne suis pas fatigable. »

Depuis une heure et demie, ce duel de l'énergie d'un homme contre la folie furieuse d'une coalition se poursuit, sans que Guizot ait cédé d'un pas. Il est debout, accoudé sur le marbre de la tribune, pâle, l'œil ardent, la tête haute. « Ceux qui ont assisté à ce beau spectacle, écrivait Doudan trois jours après (1), disent que rien ne ressemblait à une meute de chiens de bouchers comme l'élite de l'opposition hurlant contre M. Guizot. Le lion a fait taire les chiens. »

Quand la meute s'apaise enfin, par épuisement, Guizot prend la parole, et distille lentement sa justification. Il fait avaler goutte à goutte cette histoire à ses adversaires ; il prend l'offensive à son tour, leur reproche leur impuissance à rien fonder.

« Vous n'avez jamais su fonder ni un pouvoir, ni une liberté... Vous avez toujours perdu et les libertés et les pouvoirs. »

(1) Doudan, *Mélanges et lettres*, II, 3.

et il termine par ce défi :

« Quant aux injures, aux calomnies, aux colères exté-
rieures, on peut les entasser tant qu'on voudra ; on ne
les élèvera jamais au-dessus de mon dédain. »

Sainte-Beuve écrivait sur le moment même :
« M. Guizot a montré la plus véritable, la plus
énergique éloquence, la force, la sobriété, quelque
chose de démosthénique et d'accompli. »

Ce talent, qui touchait à la perfection, s'accrut
peut-être encore par une pratique quotidienne.
Après avoir été un principe de force, il est étrange
de constater qu'il fut à la longue un élément de
faiblesse pour le ministre. Comme chaque apparition à la tribune était marquée par un succès,
les triomphes oratoires étendirent un voile sur
les vices de la politique, qu'ils masquèrent sans
les faire disparaître. A ne juger que du dehors, le
ministre était resté jusqu'au dernier jour le maître
des assemblées ; Guizot songeait peut-être à cet
étrange désaccord quand il écrivait :

« En présence des grandes questions de gouvernement, la parole est à la fois puissante et insuffisante ;
elle prépare et n'achève pas ; il faut s'en servir sans s'y
confier. » (M. II, 148.)

et ailleurs :

« L'éloquence n'est point, au sein de la liberté politique, la condition première de l'art de gouverner ; les
mérites de la pensée et de l'action y sont bien supérieurs à ceux de la parole. » (M. VI, 360.)

CHAPITRE III

LA DOCTRINE ET L'ŒUVRE HISTORIQUE DE GUIZOT.

I

Le mot *histoire* est du nombre de ceux que tout le monde se flatte d'entendre sans explication et qui présentent, semble-t-il, à l'esprit une image simple, claire et familière. Mais, à considérer seulement la diversité des sujets auxquels on l'applique, qui ne voit combien la portée du mot s'étend ou se resserre, combien son sens intime se modifie ?

On dit l'*histoire* d'un homme, l'*histoire* d'une ville, l'*histoire* d'une institution, l'*histoire* d'une guerre, l'*histoire* d'un empire, l'*histoire* universelle. Il y a sans doute entre les innombrables faits qui forment la matière de ces *histoires* diverses un commun caractère : ils appartiennent au passé.

Mais quelle inégalité dans leur portée ! Les uns particuliers, locaux, bornés au cercle étroit d'une existence individuelle ou de la vie d'un petit groupe ; les autres généraux, universels, intéressant un grand royaume, l'humanité tout entière, un siècle, une série de siècles ! ceux-ci correspondant à des réalités de l'ordre visible et tangible; ceux-là, pures idées, créations de notre esprit, jugements portés sur d'antiques événements.

Ces différentes *histoires* sont-elles donc de l'*histoire* ? Sans doute, mais à des degrés divers ; et ici apparaît la nécessité de marquer des rangs et d'établir une hiérarchie de mérites et des éléments inégaux de dignité.

En est-il autrement de la poésie? D'instinct, chacun comprend ce mot ; chacun se rend compte aussi qu'il y a dans les genres divers de *poésies* classés par l'école une part très inégale de *poésie* répandue, et qu'il faut reconnaître pour les genres poétiques une inégalité et une hiérarchie de mérites. Ce sens du divin, cette mystérieuse sympathie pour la nature entière, ce don de tout comprendre, de tout refléter, de tout traduire en images, qui sont la pure essence de la poésie, et qui éclatent pleinement dans les genres supérieurs, c'est à peine si l'on en retrouve une trace fugitive dans les genres frivoles, que l'on appelle encore poétiques.

Ainsi y a-t-il, croyons-nous, pour l'histoire une essence qui fait sa nature même ; mais cette essence va s'affaiblissant, par une dilution continue, jusqu'à disparaître dans les manifestations inférieures qui se réclament encore du nom d'*his-*

toire, sans le mériter, en le dénaturant. Quelle est donc l'essence de l'histoire?

Il n'est assurément pas pour l'homme d'objet de connaissance plus intéressant que l'homme lui-même. Mais cet infiniment petit que nous sommes est si divers et si complexe qu'une science ne saurait suffire à en étudier les aspects divers ni à en épuiser la variété. Tout un groupe de sciences s'est formé ayant l'homme pour centre; au rang des plus importantes, il faut placer l'*histoire*.

L'histoire n'est pas, comme on le dit parfois, la connaissance du passé; son objet véritable est l'homme, et la connaissance de l'homme dans le passé. Le passé est son domaine, mais le passé dans ses rapports avec l'homme.

L'histoire n'étudie pas l'individu humain; elle laisse à la philosophie cette tâche. Embrassant d'un regard plus large les groupes que l'homme a formés, elle étudie les sociétés humaines, elle en suit la fortune, les vicissitudes diverses, la naissance, le développement et la ruine; elle les raconte et les explique. Elle montre sur un plus vaste théâtre le jeu de ces passions diverses dont la psychologie se réserve l'analyse, et, par elles, explique souvent les faits secondaires. Mais, si libre qu'il se proclame, l'homme ne se fait pas entièrement à lui-même sa destinée; il la subit au moins autant qu'il la prépare, et cette faiblesse est vraie des sociétés comme des individus.

Chercher les lois du développement des sociétés humaines et de la succession des divers empires ; montrer comment les peuples s'usent à remplir leur rôle et veulent être remplacés par de nouveaux acteurs dans ce drame qui ne finit pas et sans cesse se renouvelle ; suivre à travers cette apparente mobilité et cette incertitude le développement de principes supérieurs, d'abord confus et qui vont s'éclaircissant d'âge en âge ; faire la part du bien et du mal dans l'œuvre multiple de l'homme, et par la connaissance du passé, préparer à l'avenir sa voie : telle est, dans sa forme supérieure et complète, le lot de l'histoire.

Recueillir des faits, les vérifier, les noter, ce n'est que la préparation de l'histoire ; et trop souvent cette préparation de l'œuvre prétend rendre inutile l'œuvre même. Mais chercher dans l'infinie confusion des faits contrôlés le lien qui les unit, découvrir la pensée qui fait de cette succession en apparence tumultueuse d'événements une sorte de nécessité et de ce désordre une harmonie, voilà l'histoire. Elle n'est pas la science des faits, bien qu'elle ne puisse se passer de cette science, et que son mérite soit dans un étroit rapport avec cette science elle-même ; elle est, par-dessus toutes choses, une œuvre de l'esprit, qui, dans le mouvement des faits humains, cherche et découvre des lois semblables aux siennes et jouit de les avoir découvertes.

Il y a donc dans l'histoire deux parts distinctes

et intimement unies, comme dans le composé
humain, le corps et l'âme, d'essence différente et
qui ne peuvent vivre l'un sans l'autre : les faits
qu'il faut grouper, étudier ; l'idée à dégager des
faits. Où le premier élément fait défaut, il n'y a
que rêveries ; où manque le second, il ne reste
que matière.

Un groupe quelconque d'événements passés
n'est pas élément d'histoire ; il faut un développement suffisant dans le temps pour que les faits
dégagent leurs résultats principaux. Ces faits doivent avoir un caractère suffisant de généralité pour
que l'esprit y retrouve ce qu'il aime par-dessus
tout : les rapports du particulier avec l'universel,
la faculté de rattacher à l'ensemble du monde
moral tel fait en apparence isolé, qui est une manifestation de ses lois.

L'intérêt et la dignité de l'histoire vont donc
croissant à mesure que s'élargit le champ de son
étude. Une histoire générale, à mérite égal d'exécution, contient plus d'*histoire* qu'une histoire
particulière ; l'histoire universelle est le dernier
terme de l'ambition humaine en cet ordre ; et là
seulement, s'il n'était chimérique de tenter une
œuvre semblable, éclaterait dans sa pure beauté le
génie de l'histoire.

Pourquoi faut-il avouer que de semblables tentatives n'ont servi qu'à mettre en pleine lumière
son vice secret ? Œuvre humaine à double face,
l'histoire s'appuie sur la science et s'inspire de

l'art ; la science la prépare, l'art l'achève. Ce
caractère de perfection que l'art seul lui donne
fait sa fragilité en même temps que sa beauté ;
l'art est chose mobile et changeante ; comme lui,
se meut et se transforme l'histoire.

Il faut en prendre son parti ; même après la critique la plus minutieuse des faits, quand on
croira les tenir à jamais fixés, l'œil de l'homme
à deux ou trois générations d'intervalle ne les
verra pas de la même façon. C'est dire que l'histoire en sera changée. S'il fallait la définir exactement, avec son double caractère d'œuvre profondément personnelle de l'homme et de sujet
d'inévitable mobilité, nous dirions : l'histoire est
la conscience que chaque génération d'hommes
prend du passé de l'humanité.

Ils ne s'y trompent point, ceux dont l'esprit est
vraiment supérieur et qui ne sont point esclaves
des mots. Vérité, vérité, crie-t-on de toutes parts
à l'historien ; et la vérité du xviii° siècle n'est pas
en tout celle du xix°. Le siècle qui vient aura, lui
aussi, son point de vue et son tour particulier de
vérité. De nouveaux événements changent l'orien-
tation de la pensée, et une expérience plus grande
apporte aux générations successives une intelligence des événements passés qui faisait défaut
à leurs aînées. Pas un texte nouveau, pas un document inédit n'a vu le jour ; mais ce fait, sur
lequel la pleine lumière paraissait se jouer, est vu
tout autrement, parce qu'il est vu par d'autres

hommes. Avec le spectateur se modifie en quelque
façon la réalité elle-même. Augustin Thierry, cet
immortel ouvrier, a pu dire : « Chaque nouvelle
époque donne à l'histoire de nouveaux points de
vue d'une forme particulière (1) ».

L'histoire est donc une œuvre de la pensée d'un
ordre tout à fait à part, et il ne saurait y avoir
une façon identique pour tous de la comprendre
et de la traiter. Rien n'est moins que l'histoire
une science exacte ; tout ce qu'elle comporte, tout
ce qu'elle exige de science se renferme dans la
longue et laborieuse préparation de l'œuvre. Le
reste, dans les conditions générales de l'esthétique
d'un siècle donné, ne relève que du génie de
l'ouvrier.

Il y a de sérieuses chances pour qu'un esprit
supérieur mette dans l'histoire plus de vérité
qu'un esprit médiocre, parce qu'il verra plus
clairement le rapport des faits particuliers avec
les lois générales qui les gouvernent. Si un homme
a l'érudition qui prépare, l'esprit critique qui
discute, l'imagination qui anime et ressuscite,
l'intelligence qui range sous l'empire des idées la
foule des faits, un historien est né.

Il est un point où l'on juge aussi la diversité des
esprits et des temps : quel est le but de l'histoire ?

Les esprits élevés de l'antiquité voyaient dans

____

(1) *Histoire de la conquête de l'Angleterre*, Introduction, p. 10.

l'histoire une école de patriotisme et l'auxiliaire indispensable de la politique. Elle conservait, comme le plus précieux dépôt, le souvenir des hauts faits des aïeux ; elle présentait aux jeunes générations comme le parfait exemplaire des vertus qui devaient continuer la grandeur de la patrie et fortifier sa puissance. Elle montrait aux hommes d'Etat par quelles fautes se compromettent les meilleures causes, par quelles vertus se réparent les pires échecs, ce qui fait la grandeur solide ou l'irréparable faiblesse des peuples.

Ainsi entendue, l'histoire était comme un instrument de politique et une école de gouvernement. Bossuet était encore dans ce sentiment lorsqu'il écrivait : « Quand l'histoire serait inutile aux autres hommes, il faudrait la faire lire aux princes. Il n'y a pas de meilleur moyen de leur découvrir ce que peuvent les passions et les intérêts, les temps et les conjonctures, les bons et les mauvais conseils. »

Utile aux chefs d'empire et aux hommes de gouvernement, l'histoire profitait à tous ; on se plaisait à voir en elle un auxiliaire tout-puissant de la morale ; on l'appelait la « maîtresse de la vie. » Sa principale fonction paraissait être de fournir à l'édification publique des modèles et des leçons de vertu.

De nos jours, une conception nouvelle a parfois prévalu. Comme on demande à l'histoire d'être une science, on veut qu'elle ait de la science tout ce qui la constitue : la sûreté des méthodes, la certitude des résultats , le désintéressement même. Toute arrière-pensée de profit moral est sévèrement écartée, comme pouvant troubler la sérénité de la pensée et l'impartialité du jugement. Fût-elle inutile et ne profitât-elle à personne, cette recherche de la vérité aurait encore son prix, et l'historien a reçu sa récompense s'il parvient à l'établir.

Dans les époques où la vie politique est intense, au lendemain de révolutions qui ont agité les esprits et troublé les âmes, il est naturel que l'historien se refuse à stériliser l'histoire, à n'y voir qu'une science exacte, sans rapports avec les destinées de l'homme ou de la société, matière animée de son étude. Les hommes de la première génération de ce siècle vivaient dans une atmosphère échauffée par la politique ; les préoccupations patriotiques assiégeaient leur esprit ; l'histoire était pour eux, en même temps qu'un flambeau pour éclairer la route, un foyer pour ranimer les âmes. Augustin Thierry, désireux de justifier la sympathie qu'il accorde aux classes populaires du moyen âge, n'écrit-il pas :

« Nous sommes patriotes, et nous laissons dans l'oubli ceux qui, durant quatorze siècles, ont cultivé le sol de la patrie (1) ! »

Et ailleurs :

(1) *Censeur Européen*, VII, 250.

« La rénovation de l'histoire de France, dont je signalais vivement le besoin, se présentait à moi sous deux faces, l'une *scientifique* et l'autre *politique*... Né roturier, je demandais qu'on rendit à la roture sa part de gloire dans nos annales, qu'on recueillît, avec un soin respectueux, les souvenirs d'honneur plébéien, d'énergie et de liberté bourgeoise ; en un mot, qu'à l'aide de la *science* unie au *patriotisme*, on fit sortir de nos vieilles chroniques des récits capables d'émouvoir la fibre populaire (1). »

Augustin Thierry ne toucha jamais à la politique que par l'ambition de la pensée ; mais imaginez un homme dont la vie, pendant vingt années, de 1810 à 1830, est partagée entre l'étude de l'histoire et les préoccupations politiques ; et dites s'il lui sera possible de ne pas façonner son idéal historique d'une certaine manière, où se refléteront l'esprit de son temps et son propre esprit. Ce désintéressement absolu, cette dualité complète de l'homme et du savant peut se trouver chez le mathématicien ou le naturaliste; il est presque impossible qu'elle se rencontre chez l'historien. Il est significatif ce mot de Guizot, dit à un âge où l'expérience lui avait versé toute sa lumière :

« L'histoire, c'est la nation, c'est la patrie à travers les siècles. » (M. I, 28.)

« C'est un désordre grave et un grand affaiblissement chez une nation que l'oubli et le dédain de son passé... Quand les générations qui possèdent pour un moment la patrie ont l'absurde arrogance de croire qu'elle leur ap-

(1) *Dix ans d'Études historiques*, préface, p. 11.

partient à elles seules, et que le passé en face du présent,
c'est la mort en face de la vie, quand elles repoussent
ainsi l'empire des traditions et des liens qui unissent
entre elles les générations successives, c'est le caractère
distinctif et éminent du genre humain, c'est son honneur
même et sa grande destinée qu'elles renient. » (M. I,
337.)

Pour montrer la haute valeur sociale attribuée
à l'histoire par Guizot, il suffira d'indiquer comment il complète et prolonge son œuvre. Il eût
volontiers pris à Pascal son image des deux infinis,
et montré l'homme suspendu entre le passé et
l'avenir, sans autres liens avec le premier et le
second que le souvenir et l'espérance.

« Dans ce long cours de générations successives qu'on
appelle un peuple, chacune passe si vite ! Et dans notre
passage si court, notre horizon est si borné ! Nous te-
nons si peu de place et nous voyons, de nos propres yeux
si peu de choses ! Nous avons besoin de grandir dans
notre pensée pour prendre au sérieux notre vie. *La religion nous ouvre l'avenir* et nous met en présence de l'é-
ternité.

« *L'histoire nous rend le passé* et ajoute à notre existence
celle de nos pères. En se portant sur eux, notre vue s'é-
tend et s'élève. Quand nous les connaissons bien, nous
nous connaissons et nous nous comprenons mieux nous-
mêmes ; notre propre destinée, notre situation présente,
les circonstances qui nous entourent et les nécessités qui
pèsent sur nous deviennent plus claires et plus naturelles
à nos yeux. Ce n'est pas seulement un plaisir de science
et d'imagination que nous éprouvons à rentrer ainsi en
société avec les événements et les hommes qui nous ont

précédés sur le même sol, sous le même ciel ; les idées et les passions du jour en deviennent moins étroites et moins âpres. » (M. III, 171.)

On ne saurait affirmer plus nettement le rôle social de l'histoire ; elle paraît avoir pour le passé la même vertu mystérieuse que la religion pour l'avenir (1). Elle établit le lien des générations, les explique les unes aux autres et guide leur marche. Un peuple curieux et instruit de son histoire jugera avec plus de sagesse ses affaires présentes ; il décidera plus sainement des conditions de son progrès, de ses chances d'avenir.

Guizot en vient naturellement à opérer dans l'immense domaine des faits les retranchements nécessaires. Il ne croit pas que l'histoire puisse être réellement le *tableau du passé* :

« Le monde est trop vaste, la nuit du temps trop obscure et l'homme trop faible pour que ce tableau soit complet et fidèle. » (*Première leçon de Guizot, en Sorbonne, le* 11 *décembre* 1842.)

Mais cette impuissance de tout savoir, de tout recueillir, de tout vérifier ne le mène pas au scepticisme. Il ne fera pas comme Walter Raleigh, qui, pénétré de confusion devant son impuissance à dire

(1) Cette préoccupation se retrouve également dans le passage suivant, emprunté à la Ire leçon de l'*Histoire de la civilisation en Europe* : « Quand l'histoire de la civilisation est épuisée, quand il n'y a plus rien à dire de la vie actuelle, l'homme demande invinciblement si tout est épuisé ; s'il est à la fin de tout ? Ceci est donc le dernier problème et le plus élevé auquel l'histoire de la civilisation peut conduire ».

le vrai sur un événement qu'il a vu lui-même, jette au feu son manuscrit de l'*Histoire du monde*, et proclame le néant de l'histoire. Guizot n'a pas connu ce désespoir ; il y a, pense-t-il, dans le passé une infinité de faits dont l'exactitude ne sera jamais établie et nous importe peu. Car il y a vraiment *deux passés* :

« L'un tout à fait mort, sans intérêt réel parce que son influence ne s'est pas étendue au-delà de sa durée ; l'autre durant toujours par l'empire qu'il a exercé sur les siècles suivants, et par cela seul, réservé, pour ainsi dire, à notre connaissance, *puisque ce qui en reste, est pour nous éclairer sur ce qui n'est plus là.*

« L'histoire nous offre, à toutes ses époques, quelques *idées dominantes, quelques grands événements qui ont déterminé le sort et le caractère d'une longue suite de générations.* Ces idées, ces événements ont donc laissé des monuments qui subsistent encore, ou qui ont subsisté longtemps sur la face du monde : une longue trace, en perpétuant le souvenir comme l'effet de leur existence, a multiplié les matériaux propres à nous guider dans les recherches dont ils sont l'objet ; la raison même peut ici nous offrir ses données positives pour nous conduire à travers le dédale incertain des faits.

« Dans l'événement qui passe peut se trouver telle circonstance aujourd'hui inconnue qui le rend totalement différent de l'idée que nous nous en formons ; ainsi nous ignorerons toujours ce qui retint Annibal à Capoue et sauva Rome. « Mais dans un effet qui s'est longtemps prolongé, on découvre facilement la nature de sa cause : ainsi l'autorité despotique qu'exerça longtemps le sénat sur le peuple romain nous indique à quoi se bornaient, pour les sénateurs, les idées de liberté qui déterminèrent l'expulsion des rois.

« Marchons donc du côté où nous pouvons avoir la raison pour guide ; appliquons les principes qu'elle nous fournit aux exemples que nous prête l'histoire ; l'homme dans l'ignorance et la faiblesse auxquelles le condamnent les bornes de sa vie et celles de ses facultés, a reçu la raison pour suppléer au savoir, comme l'industrie pour suppléer à la force. » (*Première leçon du 11 décembre 1812.*)

Guizot s'attachera donc surtout à dégager l'idée générale des événements ; ces idées seront pour lui la vraie matière de l'histoire ; et pour les combiner, il ne connaîtra pas de plus puissant instrument que la raison. Son ambition n'ira pas à faire revivre le passé avec les couleurs et le mouvement de la vie ; à le ressusciter par les paroles magiques du génie ; mais à l'expliquer, à découvrir ses lois. L'imagination abdiquera ses droits devant la raison ; et tout ce qu'il laissera circuler de passion dans son œuvre, c'est à son patriotisme qu'il l'empruntera.

Ce patriotisme est chez Guizot un sentiment très vif et très complexe : car il aime d'une égale passion et cet ensemble de vérités de l'ordre moral, œuvre lente du travail des siècles, produit infiniment précieux de races supérieures, qui donnent à la vie tout son charme ; et le pays où la fortune l'a fait naître, terre privilégiée sur laquelle cette haute culture a porté quelques-uns de ses plus beaux fruits.

II

Le 11 décembre 1812 est une grande date dans
l'histoire de l'enseignement historique en France.
Ce jour-là, Guizot paraissait pour la première fois
dans sa chaire de la Sorbonne, et dès sa leçon
d'ouverture se révélait comme un maître. « Ce
début, a-t-on dit, a toutes les allures d'une con-
clusion. » On n'y sent pas la moindre hésitation
de doctrine : Guizot est dès le premier jour en
pleine possession de sa méthode.

Le scepticisme historique n'est pas son fait ;
le doute est permis à celui-là seul qui se laisse
emporter dans le tumulte des événements, sans
idée maîtresse. Guizot entre résolument dans cette
mêlée des faits historiques pour y porter l'ordre,
la règle, l'organisation. A sa voix, tout se calme
et se classe ; certains faits grandissent et domi-
nent la foule ; d'autres s'effacent et disparaissent
pour laisser aux plus importants leur relief.

Rien ne lui semble moins utile que la préoccupation de la couleur locale dans cette revue
didactique du passé ; ce grand art de la narration
historique, qui est la « partie divine de l'histoire »,
n'est pas à sa place dans une leçon, où le temps
est mesuré, où le développement ne peut suivre
les faits dans leur variété et leur ampleur. L'ima-

gination s'applique non à colorer le récit, mais à donner la vie aux idées. Diviser, expliquer, juger, voilà la méthode d'enseignement de Guizot, telle qu'elle apparaît dès sa première leçon. Il y demeura toujours fidèle.

La *leçon* de Guizot, qui est le résultat d'une préparation profonde, et comme un extrait quintessencié, repose sur un immense travail antérieur de recherches, de lecture de textes, de documents. Mais le professeur ne fait jamais devant le public l'étalage de ce travail préparatoire. Comme chaque leçon porte sur un groupe d'événements considérables dont il dégagera les principes dirigeants, il lui est impossible de tout raconter :

« Je ne vous raconterai pas les événements proprement dits ; cependant il est indispensable que vous les connaissiez. » (C. F. 2ᵉ *leçon*.)

Il engage ses auditeurs à lire avec attention des ouvrages généraux sur le sujet, afin de se « faire un cadre » pour les faits et les idées que le cours doit leur fournir. Ce qu'il leur offrira, comme résultat de ses méditations, ce seront des rapports nouveaux entre les faits, la mise en lumière des causes et des résultats, le dessin de lois historiques à peine entrevues avant lui.

Et de tous les faits de l'ordre historique, il s'attache dès le premier jour (1) au plus complexe,

(1) Dès sa première leçon du 11 décembre 1812 (M. I, 394) et dès sa première leçon sur *l'histoire de la civilisation en Europe.*

au plus immatériel, à celui qui offre le moins, au premier abord, les caractères du fait : la civilisation elle-même.

« Il y a des faits généraux sans nom, auxquels il est impossible d'assigner une date précise, qu'il est impossible de renfermer dans des limites rigoureuses et qui n'en sont pas moins des faits comme d'autres, des faits historiques, qu'on ne peut exclure de l'histoire sans la mutiler.

« La portion même qu'on est accoutumé à nommer la portion philosophique de l'histoire, les relations des événements, le lien qui les unit, leurs causes et leurs résultats, ce sont des faits, c'est de l'histoire : tout comme les récits de batailles et des événements visibles. Les faits de ce genre, sans nul doute, sont plus difficiles à démêler ; on s'y trompe plus souvent ; il est malaisé de les animer, de les présenter sous des formes claires, vives ; mais cette difficulté ne change rien à leur nature ; ils n'en font pas moins partie essentielle de l'histoire.

« La civilisation est un de ces faits-là : fait général, caché, complexe, très difficile, j'en conviens, à décrire, à raconter, mais qui n'en existe pas moins, qui n'en a pas moins droit à être décrit et raconté. » (C. E. 1re *leçon*.)

Du premier coup, Guizot est donc allé au sujet vers lequel l'entraînaient des affinités secrètes, et qu'il devait faire sien par la maîtrise de son talent. L'*Histoire de la civilisation en Europe* et l'*Histoire de la civilisation en France*, tel est le double monument qu'il a laissé de son enseignement public.

Tout était nouveau dans cet enseignement, et

la méthode et le sujet. Au lieu d'un sec exposé ou d'une amplification oratoire, on assistait à la plus délicate des analyses; on voyait appliquer aux faits historiques des procédés d'observation et d'induction à la fois plus délicats et d'une portée imprévue. Le champ de l'histoire s'élargissait; l'on y voyait entrer mainte question laissée jusqu'alors en dehors de son étude; et la confusion des faits, jusque-là pressés en cohue, faisait place à une disposition ordonnée, à une marche régulière et savante, en belles lignes, vers un but entrevu.

Car Guizot voyait le but; et on lui a su mauvais gré de l'avoir marqué de traits trop nets. N'abuse-t-on pas cependant contre lui des rancunes soulevées par l'homme d'Etat, quand on lui reproche d'avoir fait en histoire de la « politique rétrospective? » Le long effort par lequel, de l'histoire antique et de l'histoire du moyen âge, se dégagent des classes nouvelles d'hommes, et en particulier cette classe qui conquit le gouvernement comme prix du travail et de la probité, le Tiers Etat, Guizot l'a mis en lumière avec un art supérieur; mais il ne l'a point inventé. Le vrai but qu'il a marqué à l'histoire des siècles, en Europe, ce n'est pas, comme on l'a dit avec malice, 1830 et le gouvernement de M. Guizot, mais le progrès sans cesse croissant de l'ordre et de la liberté. Ce n'est pas un mince honneur pour sa mémoire que la confusion ait pu s'établir.

« Nous savons certainement qu'en aspirant à fonder
un régime libre, loin de renier la France des siècles, nous
la continuons...

« Le but que nous poursuivons est, au fond, le même
qu'ont poursuivi nos pères ; comme nous, ils ont travaillé
à émanciper et à élever moralement et matériellement,
les diverses classes de notre société ; comme nous, ils
ont aspiré à garantir, par des institutions libres et par
l'intervention efficace de la nation dans son gouvernement, la bonne gestion des affaires publiques, les droits
et les libertés des personnes. » (G. F. *Préface de la* 6e *édition.*)

Le premier mérite de tout enseignement, celui
qui soutient tous les autres et les fait valoir, est la
clarté : et ce fut un des premiers éléments du succès
de Guizot. Non pas cette clarté trompeuse qui se
produit aisément dans la médiocrité des vérités
enseignées et le néant des idées ; mais ce rayonnement de la vérité intime des choses que l'on
fait éclater, quand on est arrivé à la simplicité
par le classement et à l'ordre par l'analyse. Nul
n'excellait plus que Guizot à détacher un à un
les éléments d'une idée pour les offrir successivement à l'examen de l'auditoire, montrer leurs
rapports, leur agencement, défaire et refaire sous
leurs yeux le mécanisme d'une institution. La
1re *Leçon* de l'*Histoire de la civilisation en Europe*
est, à cet égard, curieuse à méditer.

Il s'agissait, pour Guizot, de faire entendre ce
qu'est la *civilisation*, de marquer à la fois l'étendue
et les limites de cette idée, matière féconde de

son enseignement. Il présente à son auditoire quatre peuples dont l'état social est très différent, pour essayer de découvrir en eux les divers caractères que le bon sens populaire résume d'un mot : *civilisation*. Aucun de ces états sociaux ne présente ces caractères. Pourquoi ? Ils manquent tous d'un principe essentiel ; l'idée de progrès, de développement leur fait défaut ; et c'est là le premier signe auquel se reconnaît la civilisation.

Mais ce progrès, ce développement, quels seront-ils ? Le développement des avantages matériels suffira-t-il ? Peut-on se contenter du seul progrès intellectuel et moral ? Non ; il faut leur accord. La civilisation ne vit que de l'harmonie entre le développement de l'activité sociale et celui de l'activité individuelle.

« Partout où la condition extérieure de l'homme s'étend, se vivifie, s'améliore, partout où la nature intime de l'homme se montre avec éclat, avec grandeur, à ces deux signes, et souvent malgré la grande imperfection de l'état social, le genre humain applaudit et proclame la civilisation. » (C. E. 1re *leçon*.)

Ces deux éléments sont-ils intimement liés l'un à l'autre ? Oui, répond la croyance instinctive de l'humanité. Tous les grands développements de l'homme intérieur ont tourné au profit de la société ; tous les grands développements de l'état social, au profit de l'humanité. Ainsi se développe la série des problèmes dont le seul mot de *civilisation* éveille la pensée.

Nous ne pouvons suivre Guizot dans cette marche rapide à travers les siècles ; mais nous voudrions, en résumant ses vues sur les différentes formes politiques de l'Europe au moyen âge, faire comprendre la largeur de sa manière et la sûreté magistrale avec laquelle il domine les événements et les combine. C'est encore un admirable modèle d'analyse et de généralisation.

Le moyen âge avait cherché le type de l'organisation politique dans le morcellement et la division. Par la féodalité, il avait émietté l'antique souveraineté telle que le génie de Rome l'avait conçue, et il avait multiplié à l'infini sur le sol de l'Europe comme des réductions de souverains.

Il était allé à l'extrème dans cette voie, et au moment où triompha le régime féodal, il n'y avait plus, ni chez les peuples, ni chez les gouvernants, aucune conscience des intérêts communs d'une grande association politique. Tout était redevenu étroit, particulier, local, les institutions comme les idées et les ambitions. L'horizon de la vie politique finissait aux limites mêmes de la seigneurie.

C'est le propre des sociétés primitives et grossières de ne pas porter leur regard au delà des petits faits de l'existence journalière, de ne pas s'élever à l'intelligence des intérêts commun de rétrécir leur ambition politique à la mesure de leurs besoins qui sont bornés et de leurs idées qui sont courtes.

La féodalité fut donc une forme inférieure de l'association politique. Si nous lui devons quelque indulgence, c'est qu'au milieu du désordre qui avait suivi les temps barbares et que de nouvelles invasions perpétuaient, l'Europe occidentale aurait pu tomber plus bas et s'abîmer plus complètement dans la sauvagerie. La féodalité fut un arrêt dans ce mouvement de décadence, et, en fixant la société européenne, elle lui rendit quelques-uns des biens essentiels de tout groupe humain : un ordre, une sécurité relative.

Il y avait d'ailleurs, au moyen âge, en dehors et au-dessus des formes politiques, un principe supérieur d'organisation et un pouvoir universel qui maintint dans les esprits cet accord qui n'était plus dans les intérêts : ce fut le rôle de l'Église.

Par elle, la religion constituée, soustraite aux variations de la fantaisie individuelle, établit entre les peuples les plus divers une communauté de sentiments, de pensées, de désirs, et des règles semblables d'administration. Tandis que l'aristocratie féodale ne réussissait pas à organiser le gouvernement des États communs de l'Europe, la théocratie parut offrir au monde l'idéal ardemment souhaité. L'association ingénieuse, mais factice, de la Papauté et de l'Empire fixa un moment les espérances de quiconque cherchait un principe assuré de gouvernement. Ce ne fut qu'une passagère illusion.

La féodalité, véritable gouvernement des campagnes, ignorait les villes qui grandirent en dehors d'elle, et contre elle. Dans ces centres de richesse mobilière, produit de l'industrie et du commerce, un esprit nouveau s'était développé ; et l'organisation municipale ou commerciale introduisit dans la société féodale des éléments de liberté et des exemples d'indépendance qui ne devaient pas être perdus pour l'avenir.

Mais, comme il est impossible, même quand on prétend innover, d'échapper tout à fait à l'influence de son temps, la liberté communale n'était qu'une forme du privilège ; et de l'une à l'autre, les communes étaient aussi armées de défiance que les seigneurs féodaux eux-mêmes, incapables de s'élever au souci des intérêts généraux et de chercher à leur donner satisfaction.

Ainsi, féodalité, théocratie, libertés municipales ou communales, les formes les plus diverses avaient été essayées, et la société du moyen âge avait cru trouver successivement en elles un principe durable et fécond d'organisation. Elle avait secoué et rejeté la théocratie comme une oppression et un embarras ; une tendance fatale la poussait à réagir contre la féodalité et la forme communale, gouvernements locaux, restreints, égoïstes et sans air.

Cependant les différents peuples de l'Europe féodale avaient relevé la tête courbée par la terreur des invasions ; ils s'étaient mêlés dans de grandes expéditions guerrières, telles que les croisades, et par le progrès de leur commerce s'étendant avec leur connaissance du monde, ils avaient entrevu tout un ordre nouveau de rapports entre les hommes, rapports pacifiques et lucratifs. Alors, les petits gouvernements féodaux de l'évêque, du baron, de la commune, leur parurent étroits, gênants et contraires par leur essence même au développement des relations nouvelles.

Ils se prirent mutuellement à entrevoir et à souhaiter la formation de groupes sociaux plus étendus, dans lesquels la communauté des intérêts serait le ciment de la communauté des affections, où un gouvernement plus général et plus fort maintiendrait l'ordre, ferait régner la justice, garantirait la sécurité.

Ce n'était rien moins que le passage de la vie de province à la vie d'Etat, la fusion en une seule souveraineté, aux droits bien établis et aux larges limites, de mille souverainetés étroites et contestées, l'acheminement vers la centralisation politique substituée à l'éparpillement, le triomphe de l'idée royale sur l'idée féodale.

On devine l'action exercée sur les auditeurs par la parole savante qui déroulait ces grandes scènes et donnait en quelque sorte le secret des révolutions passées. Il y avait en outre, dans cet enseignement, des nouveautés qu'on n'a point assez remarquées.

Au sortir du xviiie siècle, et en pleine Restauration, devant un auditoire frémissant encore
du souvenir de la lutte soutenue contre le parti
qui voulait asservir l'Etat à l'Eglise, Guizot fait à
l'Eglise sa part légitime dans l'histoire de la civilisation. Quand il cherche quels furent les princi-
paux éléments du progrès social du ve au xe siècle,
il en trouve quatre : les souvenirs de l'empire
romain, les Barbares, l'Eglise chrétienne, l'apparition des grands hommes.

Jamais peut-être en France, avant Guizot, on
n'avait parlé de l'Eglise avec un détachement plus
complet des préjugés de séminaire ou de coterie
philosophique. Ce protestant la juge avec une
souveraine équité, comme une grande institution
mêlée aux choses humaines, subissant leur réac-
tion ; il fait la balance de ses abus par ses services.

« L'Eglise était une société régulièrement constituée,
ayant ses principes, ses règles, sa discipline, et qui éprouvait un ardent besoin d'étendre son influence, de conquérir ses conquérants. Parmi les chrétiens de cette
époque, dans le clergé chrétien, il y avait des hommes
qui avaient pensé à tout, à toutes les questions morales,
politiques, qui avaient sur toutes choses des opinions arrêtées, des sentiments énergiques et un vif désir de les
propager, de les faire régner. Jamais société n'a fait,
pour agir autour d'elle et s'assimiler le monde extérieur,
de tels efforts que l'Eglise chrétienne du ve au xe siècle.
Elle a en quelque sorte attaqué la barbarie par tous les
bouts, pour la civiliser en la dominant. » (C E. 3e *leçon*.)

Il loue l'Eglise d'avoir réalisé une des plus importantes conditions de la légitimité d'un gouvernement, qui est de remettre le pouvoir aux mains des plus dignes. Il la montre

« puisant une force immense dans son respect de l'égalité et des supériorités légitimes. C'était la société la plus populaire, la plus accessible à tous les talents, à toutes les nobles ambitions de la nature humaine. De là surtout dérivait sa puissance. » (C. E. 5ᵉ *leçon*.)

Intimement mêlée à la vie sociale, l'Eglise puisait à tous les étages de la société les sucs nourriciers qui faisaient sa force. Guizot met en lumière

« la dispersion du clergé chrétien dans toutes les conditions sociales. Depuis la misérable habitation du colon, du serf, au pied du château féodal, jusqu'auprès du roi, partout il y avait un prêtre, un membre du clergé. Le clergé était associé à toutes les conditions humaines. Cette diversité dans la situation des prêtres chrétiens, ce partage de toutes les fortunes a été un grand principe d'union entre le clergé et les laïques, principe qui a manqué à la plupart des Eglises investies du pouvoir. » (C. E. 6ᵉ *leçon*.)

Que l'on relise les pages consacrées par Voltaire à Grégoire VII, dans l'*Essai sur les mœurs*, et son article du *Dictionnaire philosophique* ; on verra tout ce qu'il y avait, en 1823, de nouveauté d'inspiration dans les lignes suivantes :

« Nous sommes accoutumés à nous représenter Grégoire VII comme un homme qui a voulu rendre toutes choses immobiles, comme un adversaire du développement intellectuel, du progrès social, comme un homme qui prétendait retenir le monde dans un système stationnaire ou rétrograde. Rien n'est moins vrai, Messieurs. Grégoire VII était un réformateur par la voie du despotisme, comme Charlemagne et Pierre le Grand. Il a été à peu près, dans l'ordre ecclésiastique, ce que Charlemagne en France et Pierre le Grand en Russie ont été dans l'ordre civil. Il a voulu réformer l'Eglise, et par l'Eglise la société civile, y introduire plus de moralité, plus de justice, plus de règle ; il a voulu le faire par le Saint-Siège et à son profit. » (C. E. 6ᵉ *leçon*.)

Nouvelle aussi, l'introduction parmi les éléments du progrès social de l'influence du clergé régulier, l'analyse de la vie monastique, de la Règle de saint Benoît ; plus tard, l'action exercée par les moines sur le développement intellectuel de l'Europe et l'enfantement de la liberté de l'esprit.

Un autre caractère de l'enseignement de Guizot fut la large part réservée dans le mouvement historique au progrès intellectuel des peuples. Dès le vᵉ siècle en Gaule, la société civile gauloise attire son attention ; les écoles gauloises, et Sidoine Apollinaire ; puis saint Jérôme, saint Augustin, saint Paulin de Nole. Quand la nuit descend plus épaisse sur l'Europe occidentale, les écoles cathédrales, les écoles de campagne, les écoles monastiques, fugitives lueurs ; les *Vies* des saints mises à leur place dans l'analyse de l'imagination populaire et consacrées comme documents de premier ordre ; les grands problèmes théologiques étudiés, non plus comme de dangereux égarements, mais comme la manifestation des plus hautes curiosités de la pensée ; le passé commenté à l'aide du présent et rapproché de lui par ce parallèle ; les *Puritains* de Walter Scott appelés en témoignage à propos de la *Vie de saint Marcellin*, évêque d'Embrun au vi^e siècle, et Milton, à propos de saint Avite.

Jamais, avant l'enseignement de Guizot, on n'avait fait entrer dans la trame même de l'histoire cette partie de la vie des peuples dont on ne trouve aucune trace dans les documents historiques proprements dits, la vie quotidienne, ses conditions matérielles et morales, les sentiments qui l'animent, les occupations qui la remplissent, le vide dont elle souffre, ses amusements, ses ennuis. La leçon où il étudiait le *château sous le régime féodal* dut être pour les auditeurs un véritable enchantement.

« Comment et dans quelle direction devait se développer la petite société que renfermait ce château ?

« Le premier trait de sa situation est l'isolement. « A aucune époque peut-être, dans l'histoire d'aucune société, on n'en rencontre un pareil. Prenez le régime patriarcal, les peuples qui se sont formés dans les plaines de l'Asie occidentale ; prenez les peuples nomades, les tribus de pasteurs ; prenez les tribus germaines ; assistez à la naissance de la société romaine ; transportez-vous au milieu des bourgs qui sont devenus Athènes, sur les sept collines dont la population a formé Rome ; partout vous trouverez les hommes infiniment plus rapprochés, bien plus à portée d'agir les uns sur les autres, c'est-à-dire de se civiliser ; car la civilisation est le résultat de l'action réciproque et continuelle des individus.

« A ce premier trait, à l'isolement du château et de ses habitants, se joignait l'oisiveté, une oisiveté singulière. Le possesseur du château n'avait rien à faire, rien d'obligé, rien de régulier. Chez les autres peuples, à leur origine, dans les classes supérieures même, les hommes ont été occupés, tantôt par les affaires publiques, tantôt par des rapports fréquents et de divers genres avec les familles voisines. On ne les voit jamais embarrassés de remplir leur temps, de satisfaire leur activité ; ici ils cultivent et font valoir de grandes terres ; là ils conduisent de grands troupeaux ; ailleurs ils chassent pour vivre ; en un mot, ils ont une activité obligée. Dans l'intérieur du château, le propriétaire n'a rien à faire ; ce n'est pas lui qui fait valoir ses champs ; il ne chasse point pour sa nourriture ; il n'a point d'activité politique ; point d'activité industrielle d'aucun genre ; jamais on n'a vu un tel loisir dans un tel isolement.

« Les hommes ne peuvent rester dans une situation semblable ; ils y mourraient d'impatience et d'ennui. Le propriétaire du château n'a pensé qu'à en sortir. Enfermé là quand il le fallait absolument pour sa sûreté ou son indépendance, il est allé, aussi souvent qu'il l'a pu, chercher au dehors ce qui lui manquait, la société, l'activité. La vie des possesseurs de fiefs s'est passée sur le grand chemin, dans les aventures. Cette longue série de courses, de pillages, de guerres qui caractérise le moyen âge a été, en grande partie, l'effet du genre de l'habitation féodale et de la situation matérielle au milieu de laquelle ses maîtres étaient placés... Ils ont cherché surtout le mouvement social qu'ils ne trouvaient pas dans leur intérieur.

« Deux traits caractéristiques éclatent dans la féodalité. L'un est la sauvage et bizarre énergie du développement des caractères individuels ; non seulement ils sont brutaux, féroces, cruels; mais ils le sont d'une façon singulière, étrange, comme il arrive à l'individu qui vit seul, livré à lui-même, à l'originalité de sa nature et aux caprices de son imagination.

« Le second trait qui frappe également dans la société féodale, c'est l'obstination des mœurs, leur longue résistance au changement, au progrès. Dans aucune autre société, les idées, les mœurs nouvelles n'ont eu autant de peine à pénétrer. Nulle part, il n'y a eu, pendant si longtemps, si peu de progrès avec tant de mouvement.

« Mais en même temps que les châteaux opposaient à la civilisation une si forte barrière, ils étaient, sous un certain rapport, un principe de civilisation ; ils protégeaient le développement de sentiments et de mœurs qui ont joué, dans la société moderne, un rôle puissant et salutaire. Jamais, dans aucune autre forme de société, la famille réduite à sa plus simple expression, le mari, la femme, les enfants ne se sont trouvés ainsi serrés, pressés les uns contre les autres, séparés de toute autre relation puissante et rivale.

« Dans les divers états de société que je viens de rappeler, le chef de famille avait, sans s'éloigner, une multitude d'occupations et de distractions qui le tiraient de l'intérieur de sa demeure, qui empêchaient du moins qu'elle ne fût le centre de sa vie. Le contraire est arrivé dans la société féodale. Aussi souvent qu'il est resté dans son château, le possesseur de fief y a vécu avec sa femme et ses enfants, presque ses seuls égaux, sa seule compagnie intime et permanente. Sans doute il en sortait fort souvent, pour mener au dehors la vie brutale, aventureuse que je viens de décrire ; mais il était obligé d'y revenir ; c'était là qu'il se renfermait dans les temps de péril. Or, toutes les fois que l'homme est placé dans une certaine position, la partie de sa nature morale qui correspond à cette position se développe forcément en lui. Est-il obligé de vivre habituellement au sein de sa famille, auprès de sa femme et de ses enfants, les idées, les sentiments en harmonie avec ce fait ne peuvent manquer de prendre un grand empire. Ainsi arriva-t-il dans la féodalité.

« Quand le possesseur de fief, d'ailleurs, sortait de son château pour aller chercher la guerre et les aventures, sa femme y restait, et dans une situation bien différente de celle que les femmes avaient eue presque toujours. Elle y restait maîtresse, châtelaine, représentait son mari, chargée en son absence de la défense et de l'honneur du fief. Cette situation élevée et presque souveraine, au sein même de la vie domestique, a souvent donné aux femmes de l'époque féodale une dignité, un courage, des vertus, un éclat qu'elles n'avaient point déployées ailleurs ; et elle a sans nul doute puissamment contribué à leur développement moral et au progrès général de leur condition.

« Ce n'est pas tout. L'importance des enfants, du fils aîné entre autres, fut plus grande dans la maison féodale que partout ailleurs. Là éclataient non seulement l'affection naturelle et le désir de transmettre ses biens à ses enfants, mais encore le désir de transmettre ce pouvoir, cette situation supérieure, cette souveraineté inhérente au domaine. Le fils aîné du seigneur était, aux yeux de son père et de tous les siens, un prince, un héritier présomptif, le dépositaire de la gloire d'une dynastie. En sorte que les faiblesses comme les bons sentiments, l'orgueil domestique comme l'affection se réunissaient pour donner à l'esprit de famille beaucoup d'énergie et de puissance.

« Ajoutez à cela l'empire des idées chrétiennes, et vous comprendrez comment cette vie de château, cette situation solitaire, sombre, dure, a pourtant été favorable au développement de la vie domestique, et à cette élévation de la condition de la femme, à cet esprit de famille qui tiennent tant de place dans l'histoire de cette civilisation. » (C. F. 3ᵉ *vol.*, 5ᵉ *leçon*.)

Cet enseignement qui paraissait planer au-dessus des faits, avait pour point de départ l'étude la plus patiente et la plus minutieuse des faits. On le voyait d'ailleurs lorsque, par intervalles, le professeur étalait devant ses auditeurs les documents, les textes, les matériaux non encore dégrossis de ses puissantes généralisations. Cet enseignement où passait un grand souffle de vie était, avant toute chose, œuvre de vérité et de probité intellectuelle. La leçon jaillissait souvent des textes mêmes étudiés devant l'auditoire ; elle se faisait sous ses yeux ; car elle était *dite*, et non pas lue ; elle ne sortait pas d'un cahier rédigé à loisir, mais de l'esprit même du maître, vivifié par l'effort, échauffé par l'émotion.

L'enseignement historique de Guizot se continua, en quelque sorte, même après qu'il eut quitté la Sorbonne pour la Chambre des députés et le ministère, par l'action qu'il exerça sur le développement de ces études. Ministre de l'instruction publique, il constatait la faveur croissante qui s'attachait aux recherches historiques ; c'était, pour beaucoup d'esprits actifs que la politique n'attirait pas ou n'accueillait pas, une haute satisfaction intellectuelle et une chance de renom littéraire. La création, en 1834, de la *Société de l'histoire de France* donna un but précis à leur activité.

Cette *Société* avait pour objet de publier les documents originaux relatifs à notre histoire nationale, et de répandre, soit par une correspondance régulière, soit par un *bulletin* mensuel, la connaissance des travaux épars et ignorés dont elle était l'objet. Les publications de la *Société de l'histoire de France* ont répondu depuis plus d'un demi-siècle aux espérances de son fondateur.

Guizot voulut faire plus encore. Dans son cours d'histoire moderne, il avait partagé les faits en deux classes : 1° les faits matériels et visibles, tels que les négociations, les actes officiels des gouvernements, les expéditions militaires, les batailles, les victoires ; 2° les faits moraux et cachés, mais qui n'en sont pas moins des faits réels, appartenant, comme les autres, au domaine de l'histoire. Dans cette seconde classe rentrait tout ce qui regarde les mœurs, les arts, les sciences. Guizot constatait que des premiers faits nous ne savions pas tout, et que des seconds nous ne savions presque rien. Il en concluait que nous avions à entreprendre sur le passé une immense enquête qui compléterait et élargirait en même temps l'œuvre des érudits des deux derniers siècles. Telle est la pensée qui a donné lieu à la création du *Comité* chargé de la direction et de la surveillance des recherches et de la publication *de documents inédits* (1).

La vie nationale tout entière va devenir l'objet d'une investigation passionnée ; le champ de l'histoire, tel qu'on l'avait exploité jusqu'alors, est tout d'un coup immensément agrandi : les documents écrits ne seront plus les seuls témoins consultés ; les monuments de l'art, les poésies, les légendes populaires, les découvertes de la science leur disputent une part de la faveur que les textes historiques proprement dits avaient trop longtemps accaparée. Bref, l'idée maîtresse de l'enseignement de Guizot se réalisait dans une institution destinée à la faire fructifier ; et cette idée était de demander à l'ensemble des manifestations du génie humain l'histoire intellectuelle et morale aussi bien que l'histoire matérielle de notre pays. Le mérite de Guizot n'est donc pas seulement d'avoir offert un modèle achevé de haut enseignement ; il a ouvert une voie nouvelle à l'esprit historique ; il a été, dans toute la force du terme, un novateur.

(1) Xavier Charmes. *Le Comité des Travaux historiques.* I, *Introduction*, CXXXVIII.

III

Si, dans la production immense de Guizot, il fallait faire un choix et mettre à part l'œuvre unique qui dût répondre pour lui devant la postérité, nous n'hésiterions pas à citer son *Histoire de la Révolution d'Angleterre*. Un semblable ouvrage suffirait à illustrer une vie ; seul, il réserverait tous les droits de Guizot au titre de grand historien. Notre siècle n'a rien vu de plus achevé comme œuvre historique, rien qui répondît mieux à l'idéal fixé par les maîtres. Étudions *l'Histoire de la Révolution d'Angleterre* dans sa conception primitive, dans son développement, dans ses procédés d'exécution.

Le tempérament intellectuel d'un historien et la portée de son esprit se découvrent déjà dans le choix du sujet. Toutes les époques ne sont pas, au même titre, matière d'histoire ; et parmi celles qui offrent l'ampleur et la variété d'événements sans lesquels il ne saurait y avoir de drame historique, toutes ne conviennent pas également à tous. Il y a parfois entre les événements et les esprits des rapports de nature, d'où procèdent la sympathie et l'intelligence. Cette secrète affinité exista toujours entre l'histoire d'Angleterre, prise dans son ensemble, et le génie de Guizot ; la passion de la liberté politique fut sa première initiatrice.

« Ce fut à cette époque (1822) que je m'adonnai sérieusement à l'étude de l'Angleterre, de ses institutions,
et des longues luttes qui les ont fondées. Passionnément
préoccupé de l'avenir politique de ma patrie, je voulais
savoir avec précision à travers quelles vérités et quelles
erreurs, par quels efforts persévérants et quelles transactions prudentes, un grand peuple avait réussi à conquérir et à conserver un gouvernement libre. » (M. I,
318.)

La lutte entre le despotisme royal et les libertés
publiques forme la trame de l'histoire de l'Angleterre ; et les tragiques épisodes n'y manquent pas,
que l'on pourrait détacher pour en écrire l'histoire particulière. Mais si, au cours de ces annales,
une époque vient à s'offrir, où la lutte politique
se complique d'une lutte religieuse, où les droits
de la conscience menacés comme les droits de la
nation, donnent au conflit une majesté sans égale,
aux passions un déchaînement absolu, aux caractères le relief que leur prêtent les grandes révolutions, aux faits une tragique importance dans la
destruction ou le relèvement ; ne sera-ce pas déjà
faire œuvre d'historien que d'en saisir les caractères, d'en dégager l'unité et de la détacher de
la série monotone des siècles pour l'offrir à l'admi-
ration ou à l'étude des hommes, comme une
puissante personnalité, où se mêlent l'action de
l'homme et l'action de Dieu, les caprices de la
folie humaine et les lois d'une sagesse supérieure ?

Guizot vit tout cela dans le demi-siècle qui com-
mence à l'avènement de Charles Ier et qui se ferme

à la chute de Jacques II. La politique le mena au
seuil de cette période, mais ce ne fut pas la politique seule qui l'y fixa. Il s'est exprimé sur ce
point dans une lettre intime, en 1832 :

« Je reprends ma Révolution d'Angleterre avec affection et inquiétude, comme on retrouve un ami longtemps
absent et dont on ignore s'il ne faudra pas se séparer
bientôt encore une fois. On tient à ce que je termine
mon ouvrage, et j'y tiens plus que personne, car *personne ne sait tout ce qu'il est dans ma pensée.*

« Une admirable tragédie sous Charles I et Cromwell,
la plus grande et la plus poignante comédie sous Charles II et Jacques II, l'effervescence d'un peuple et l'habileté d'une cour, le sublime de la passion et de l'intri-
gue, toute la folie des espérances et toute la sottise des
découragements humains ; le triomphe du bon sens au
terme de cette carrière, et d'un bon sens fort populaire,
de toutes parts attaqué et pourtant invincible : voilà ce
que je voudrais faire voir et toucher du doigt par la seule
mise en scène vraie et complète des événements et des
hommes. Et j'y prendrais un plaisir infini, non seulement
dans une vue politique, mais aussi, et même surtout
parce que je ne connais aucune grande histoire où éclate
si évidemment, si glorieusement le triomphe de la
sagesse divine, au milieu et au travers de la folie humaine.

« C'est toujours dans quelque contemplation de ce
genre que je me repose et me rafraîchis avec délices des
fatigues et des mécomptes de la vie. Je voudrais que
mon ouvrage procurât aux lecteurs intelligents la même
satisfaction, qu'il les fît pénétrer dans toutes les agitations, toutes les vicissitudes, dans les ambitions et les
désenchantements inépuisables de ce monde, et qu'en
même temps, il leur fît voir le soleil qui brille au-dessus

de ces ténèbres, l'ordre qui domine tout et gouverne ce
chaos. Irai-je jamais jusqu'au bout ? Et si je vais jusqu'au
bout, aurai-je réussi ? Dieu seul le sait ; mais voilà ce
que sera ce livre, si je l'achève comme je le conçois. »
(*Lettre à M. le duc de Broglie*, 7 juillet 1832) (1).

Guizot se plaît donc à mettre dans le plan de
son livre plus qu'on n'y cherche d'ordinaire ; ce
n'est pas seulement l'étude d'une révolution politique, ni l'étude d'une révolution religieuse, mais
un fragment de cette grande épopée qui se déroule
sous le regard de Dieu, par le jeu varié de la
liberté humaine.

Cette façon d'entendre l'histoire, si elle a l'avantage de tout élever et de tout agrandir, n'est pas
sans péril. On court le risque de lasser le lecteur
par cette intervention toujours présente d'une
force supérieure et de transformer en homélie le
récit des événements. C'est l'écueil où se brisent
les talents médiocres ; Guizot l'a évité avec un
complet succès. La Providence n'est point, dans
son *Histoire de la Révolution d'Angleterre*, ce personnage indiscret dont l'intervention inopportune
supprime à la fois et le sens véritable et l'intérêt
des choses ; elle est à peine çà et là mentionnée ;
on la devine plutôt qu'on ne la voit, dans un
lointain très profond, très mystérieux, à l'arrière-
plan des événements, représentant ce qui dure

(1) *Lettres de M. Guizot, recueillies par Mme de Witt* (Hachette),
p. 110.

à travers la fragilité des choses, la sagesse et l'harmonie au-dessus de la folie et de la confusion. Guizot l'a définie un jour, sans y songer, en parlant de

« cette nécessité générale, cette raison universelle qui remplit l'atmosphère, et qui dirige la conduite des hommes, même à leur insu. » *Discours du* 9 novembre 1830 *à la Chambre des députés.*)

Telle apparaît la Providence dans l'œuvre de Guizot.

Le sujet admis, on pouvait hésiter sur le mode d'exécution. Les événements se pressent, tantôt tragiques, tantôt grotesques, presque jamais médiocres ; le renversement d'un trône, l'exécution d'un roi, les massacres sur le champ de bataille, de sauvages exécutions faites en Irlande sur un pays entier au nom de la raison d'État, la fermentation des passions religieuses les plus violentes et les plus étranges, des formes nouvelles de fanatisme, l'étonnante fortune d'un aventurier de génie, une Restauration acclamée « comme l'œuvre même du Seigneur » par un peuple en délire : quelle admirable matière ! et à ne voir que le dehors des faits, quelle série de scènes où se feront admirer tour à tour l'élégance du narrateur, le coloris du peintre, les dons variés de l'artiste s'appliquant à reproduire les formes diverses et le mouvement de la vie !

Donnez un semblable sujet à un Michelet,

à un Carlyle ; quel flot de passions n'en feront-ils pas jaillir ! dans quelle farouche attitude de résurrection ne verrons-nous pas se dresser ces bandes de puritains sur lesquelles est passé le souffle de Dieu et dont le poil s'est hérissé à ce frisson ! Quelle ivresse de vie animera leurs pages, où tout sera tableau, où le pittoresque éclatera en vives peintures, et dans un verbe sonore ! Mais peut-être après l'éblouissement qu'aura produit la fulguration de leur style, l'esprit se reprenant cherchera-t-il, sans la trouver, l'idée maîtresse qui s'est développée à travers les événements, dans la folie des passions, le tumulte des assemblées, l'horreur des échafauds, la poussière des champs de bataille.

On peut voir dans leur Histoire de la Révolution française à quel grandiose chaos la préoccupation de tout animer, de tout peindre et de tout expliquer suivant les caprices d'une passion éloquente, a conduit ces deux illustres écrivains. Tout autre a été la manière de Guizot.

On lui a reproché d'avoir, de parti pris ou par impuissance, supprimé le pittoresque de son œuvre, et diminué, presque jusqu'à l'éteindre, l'éclat des grandes scènes de passion religieuse ou politique. Ses puritains, dit-on, manquent de vie ; que ne puisait-il à pleines mains dans les Mémoires, les pamphlets du temps, les interrogatoires ; il y eût pris ces paroles enflammées, ces cris de passion qui secouent le lecteur et l'arra-

chent à son propre temps pour le jeter dans la
mêlée d'autrefois. Il eût trouvé, avec une curiosité plus vive du détail et moins de défiance de la
passion, cette intelligence des événements que le
cœur seul peut donner, par une divination secrète. Mais pour avoir dédaigné ces ressources de
l'imagination pittoresque, il s'est condamné à
n'avoir qu'un ton et qu'un style ; et sur le fond
terne de son œuvre, rien ne se détache, rien ne
ressort ; les fous et les sages portent la même
livrée correcte ; le crime et la vertu ont presque
même visage.

Ces critiques, et d'autres semblables, commen-
cent à perdre de leur autorité ; leur force va s'é-
puisant. On en revient à penser que cette forme
de l'art historique, qui tient de la poésie, du
roman, de la peinture, et qui emprunte au voisinage tous ses procédés, n'est peut-être qu'une
forme inférieure de l'histoire ; qu'il est plus malaisé et plus rare de la comprendre et de l'écrire
autrement.

Le premier mérite d'un écrivain est assurément
la conformité de la méthode et l'harmonie du ton
avec le sujet traité. Or quel est le sujet choisi
par Guizot ? la série des vicissitudes politiques,
à travers lesquelles se poursuit un plan déterminé:
l'établissement de la liberté politique. Sans doute,
il est impossible d'isoler ce grand problème politique du milieu où il s'est formé, où on l'a discuté
et résolu ; et comme les choses de la politique, de

proche en proche, tiennent à tout et mettent tout
en action , la Révolution politique de l'Angleterre
au XVIᵉ siècle s'est trouvée offrir

« un bizarre mélange des éléments en apparence les
plus contraires : à la fois aristocratique et populaire, religieux et philosophique, invoquant tour à tour des lois
et des théories, proclamant tantôt un nouveau joug
pour les consciences, tantôt leur pleine liberté, quelquefois étroitement retenue dans les liens des faits,
quelquefois livrée aux plus audacieuses tentatives. »
(*Histoire de la Révolution d'Angleterre*. Préface, XIII.)

Mais c'est la marque d'un ferme esprit de s'en
tenir résolument aux caractères de son sujet,
après les avoir fixés, et de ne pas les altérer en
laissant envahir par ce qui est secondaire la place
réservée à l'essentiel. Sans doute le jeu des partis
politiques resterait un mystère pour le lecteur,
si la vie morale de l'époque n'était présentée sous
ses multiples aspects : enthousiasme religieux,
passions populaires, intrigues de parti, rivalités
personnelles, avec leur nature indomptable et
leurs formes si changeantes, toutes ces scènes où
se déploie la nature humaine affranchie des habitudes et des lois.

Mais ce sont là les moyens, non la fin même de
l'œuvre ; et si l'ampleur du développement ou
l'éclat de la peinture nous conduit à détourner
vers ces scènes secondaires une attention excessive, le vrai rapport des choses est détruit ; nous
sommes exposés à n'en plus saisir la nécessaire

subordination ; cette grande révolution qui doit
nous apparaître comme un événement de l'ordre
politique risque de n'être plus à nos yeux qu'une
époque confuse où tout se mêle et se heurte ;
l'esprit ne saurait plus en saisir l'unité et la vraie
grandeur. Cette élimination, cette mise au point
sont une condition même de la vérité ; car c'est
la trahir que de ne pas appliquer aux choses leur
véritable mesure.

Les deux grands moteurs de l'activité humaine,
les idées et les intérêts, ont rarement agi avec
plus de force que pendant la Révolution d'Angleterre. Ils ont excité les passions les plus violentes
et les plus diverses ; et c'est un des titres de
dignité de cette époque que les passions les plus
fortes y ont été déchaînées par le jeu des idées.
Aussi l'historien appliquera-t-il à ce temps la
méthode la plus favorable, si, par une analyse
exacte, il dégage les idées maîtresses auxquelles
les événements sont en quelque sorte suspendus.

Par les idées, nous entrerons dans le secret et
dans les passions des partis ; et au lieu de ne
trouver dans ces passions mêmes que violence et
confusion, le lecteur sera surpris d'y voir se développer, à travers le tumulte des âmes, une
irrésistible logique. La lumière se répandra
comme d'elle-même sur les faits les plus com-
pliqués, et descendra jusque dans les replis
des consciences ; elle sera si franche et si également répandue qu'on oubliera de se demander

où est la source qui la répand et qu'elle paraîtra
se dégager des événements même. Ce fut le
secret d'un Thucydide, par exemple ; nous rap-
prochons à dessein le nom de Guizot de celui du
plus grand historien de l'antiquité ; car ce sont à
nos yeux des esprits de même famille et qui
eurent la même conception de leur art.

Sur l'alliance du mouvement de révolution
politique et de réforme qui va ébranler le
trône de Charles Ier, on chercherait vainement
des pages d'un dessin plus ferme et d'une pensée
plus forte que les suivantes :

« Depuis longtemps étrangères à la résistance, les
Communes en possédaient cependant les moyens ; les
institutions leur avaient manqué bien moins que la force
et la volonté de s'en servir. La force leur revenait par la
révolution qui faisait faire à leur grandeur matérielle
tant de progrès. Pour que la volonté ne se fit pas longtemps attendre, il suffisait qu'une autre révolution leur
vînt donner aussi la grandeur morale, enhardît leur
ambition, élevât leurs pensées, leur fît de la résistance
un devoir et de la domination une nécessité. La Réforme
religieuse eut cette vertu.

« Proclamée en Angleterre par un despote, la Réforme
y commença par la tyrannie ; à peine née, elle persécuta
ses partisans comme ses ennemis : Henri VIII dressa
d'une main des échafauds pour les catholiques, et de
l'autre des bûchers pour les protestants qui refusaient
de souscrire le symbole et d'approuver le gouvernement
que la nouvelle église recevait de lui.

« Il y eut donc, dès l'origine, deux Réformes, celle du
prince et celle du peuple ; l'une, incertaine, servile, plus

attachée à des intérêts temporels qu'à des croyances, alarmée du mouvement qui l'avait fait naître, et s'efforçant d'emprunter au catholicisme tout ce qu'elle en pouvait retenir en s'en séparant ; l'autre, spontanée, ardente, méprisant les considérations mondaines, acceptant les conséquences de ses principes, vraie révolution morale enfin, entreprise au nom et avec la passion de la foi.

« Unies quelque temps, sous la reine Marie, par des souffrances, et à l'avènement d'Elisabeth par des joies communes, les deux Réformes ne pouvaient tarder à se diviser et à se combattre. Or telle était leur situation que l'ordre politique se trouvait nécessairement engagé dans leurs débats. En se séparant du chef indépendant de l'Eglise universelle, l'Eglise anglicane avait perdu toute force propre, et ne tenait plus ses droits ni son pouvoir que du pouvoir et des droits du souverain de l'Etat. Elle était donc vouée à la cause du despotisme civil, et contrainte d'en professer les maximes pour légitimer son origine, d'en servir les intérêts pour sauver les siens.

« De leur côté, les non-conformistes, en attaquant leurs adversaires religieux, se voyaient forcés d'attaquer aussi le souverain temporel, et pour accomplir la réforme de l'Eglise, de réclamer les libertés du citoyen. Le roi avait succédé au Pape ; le clergé anglican, héritier du clergé catholique, n'agissait plus qu'au nom du roi ; partout, dans un dogme, une cérémonie, une prière, l'érection d'un autel, la forme d'un surplis, le pouvoir royal était compromis comme celui des évêques, et le gouvernement en question comme la discipline et la foi.

« Dans cette périlleuse nécessité d'une double lutte contre le prince et l'Eglise, d'une réforme simultanée de la religion et de l'Etat, les non-conformistes hésitèrent d'abord. Le papisme et tout ce qui lui ressemblait était décrié et illégitime à leurs yeux ; l'autorité royale, même despotique, ne l'était point encore. Henri VIII avait commencé la Réforme ; Elisabeth l'avait sauvée. Les puritains les plus hardis balançaient à mesurer les droits, à poser les limites d'un pouvoir auquel ils devaient tant ; et si quelques-uns faisaient un pas vers ce sanctuaire, la nation étonnée leur en savait gré, mais ne les suivait pas.

« Cependant il y avait nécessité ; il fallait que la Réforme reculât ou qu'elle portât la main sur le gouvernement ; car lui seul faisait obstacle à ses progrès. Peu à peu les esprits s'aguerrirent ; l'énergie des consciences amena l'audace des idées et des desseins ; les croyances religieuses avaient besoin des droits politiques ; on commença de rechercher pourquoi on n'en jouissait pas, qui les usurpait, à quel titre, ce qu'il y avait à faire pour les ressaisir. Tel citoyen obscur qui, naguère, au seul nom d'Elisabeth, s'humiliait avec respect et n'eût peut-être jamais levé vers le trône de plus hardis regards, si dans la tyrannie des évêques il n'eût pas rencontré celle de la reine, les interrogea fièrement l'une et l'autre sur leurs prétentions, quand il y fut contraint pour défendre la foi.

« Ce fut surtout parmi les simples gentilshommes, les francs tenanciers, les bourgeois, le peuple, que se répandit ce besoin d'examen et de résistance en matière de gouvernement comme de dogme ; car c'était là que la réforme religieuse fermentait et voulait avancer. Moins préoccupées de leurs croyances, la cour et une partie de la moyenne noblesse s'étaient contentées des innovations de Henri VIII ou de ses successeurs dans l'Eglise anglicane par conviction, par indifférence, par calcul, par loyauté.

« Plus étrangères aux intérêts, et en même temps plus exposées aux coups du pouvoir, les Communes anglaises changèrent dès lors, dans leurs relations avec la royauté, d'attitude et de pensées. De jour en jour, leur timidité disparut, leur ambition s'éleva. Les regards du bourgeois, du franc-tenancier, du paysan même, se portèrent bien au-dessus de sa condition. Il était chrétien ; il sondait hardiment dans sa maison, avec ses amis, les mystères de la puissance divine ; quelle puissance terrestre était si haute qu'il dût s'abstenir de la considérer ? Il lisait dans les livres saints les lois de Dieu ; pour leur obéir, il était forcé de résister à d'autres lois ; il fallait bien qu'il reconnût où celles-ci devaient s'arrêter.

« Qui recherche la borne des droits d'un maître recherchera bientôt leur origine ; la nature du pouvoir royal, de tous les pouvoirs, leurs anciennes limites, leurs récentes usurpations, les conditions et les sources de leur légitimité devinrent, dans toute l'Angleterre, un sujet d'examen et d'entretiens : examen d'abord modeste et entrepris par nécessité plutôt que par goût ; entretiens longtemps secrets, et que, même en s'y livrant, les citoyens n'osaient pousser bien loin, mais qui affranchissaient les esprits et leur inspiraient des hardiesses jusque-là inconnues. Elisabeth, populaire et respectée, ressentit elle-même les effets de cette disposition naissante, et la repoussa durement, attentive pourtant à ne point braver ce péril.

« Ce fut bien pis sous Jacques Ier ; faible et méprisé, il voulait qu'on le crût despote ; l'étalage dogmatique de ses impuissantes prétentions provoqua de nouvelles hardiesses qu'il irrita sans les réprimer. La pensée du citoyen prit un libre essor ; rien ne lui imposait plus ; le monarque était un objet de risée ; ses favoris, un sujet d'indignation. Sur le trône, à la cour, l'arrogance était sans force, même sans éclat ; une corruption ignoble inspirait aux hommes sérieux un dégoût profond, et dégradait, à la portée des insultes du peuple, toutes les grandeurs.

« Ce ne fut plus le privilège des esprits fermes de les regarder en face et de les mesurer froidement : tant d'audace devint populaire. Bientôt l'opposition parut aussi hautaine et plus confiante que le pouvoir ; et ce n'était point l'opposition des grands barons, de la Chambre des Pairs, c'était celle de la Chambre des Communes, décidée à prendre dans l'État une place, sur le gouvernement une influence qui jamais ne lui avaient appartenu. Son indifférence aux fastueuses menaces du Prince, la fierté bien que respectueuse de son langage laissèrent voir que tout était changé, qu'elle pensait avec hauteur et voulait agir avec empire ; et le secret sentiment de cette révolution morale était déjà si répandu qu'en 1621, attendant un comité de la Chambre qui venait lui présenter une remontrance sévère, Jacques dit avec une ironie moins douloureuse, à coup sûr, qu'elle n'eût dû l'être : « Qu'on prépare douze fauteuils, je vais recevoir douze rois. » (*Histoire de la Révolution d'Angleterre*, édition de 1826, I, p. 13 à 19.)

Le drame de la Révolution politique se complique à chaque pas d'éléments nouveaux, confus, violents, qui vont en précipiter la marche ou le jeter hors des voies régulières. C'est le devoir de l'historien de porter la lumière dans ces faits. Guizot ne raconte pas, il ne peint pas, il ne personnifie pas un parti dans un seul homme qu'il étudie curieusement comme un type, il ne fait pas agir les foules dans un va-et-vient animé et violent. Non ; il se place dans une sorte de réduit central d'où il voit tout, où il surprend le secret des pensées et des résolutions. Ce réduit, c'est l'âme même du parti qu'il analyse, et qu'il met à nu sous notre regard.

Ce n'est point par l'extérieur qu'il nous invite et nous conduit à deviner ou à imaginer l'âme des acteurs ; c'est de la connaissance intime de cette âme même qu'il veut nous voir tirer, par voie de conséquence, la raison de leur conduite. Il ne va pas du dehors au dedans, mais du dedans au dehors ; et dans cette simple différence, il y a toute une opposition de système entre l'historien descriptif et l'historien philosophe. Celui-ci assigne aux idées et aux principes un droit de direction sur les faits : il est donc naturel qu'il descende des premiers aux seconds ; tandis que l'historien descriptif, sceptique peut-être sur les droits de l'âme et de la pensée, masque derrière le voile brillant des événements l'absence de tout gouvernement moral. On appliquerait volontiers à Guizot ce qu'il dit lui-même des Indépendants : « Confiant dans la force de la pensée, fier de son élevation... il lui décerne le droit de tout juger, de tout dominer ; il la prend seule pour guide (1). »

On peut citer comme un modèle achevé de la manière de Guizot le passage suivant :

(1643.) « Toutes les questions prirent dès lors un tour nouveau, la fermentation sociale changea de caractère. Des faits puissants, respectés, avaient jusque-là dirigé et contenu la pensée des réformateurs politiques,

____

(1) *Histoire de la Révolution d'Angleterre*, II, 13.

religieux même ; aux uns l'état légal de la vieille Angleterre, tel du moins qu'ils le concevaient, aux autres la
constitution de l'Eglise, telle qu'en jouissaient déjà l'E-
cosse, la Hollande, Genève, servaient en même temps de
modèle et de frein. Quelle que fût la hardiesse de leurs
entreprises, ni les uns ni les autres n'étaient en proie à
de vagues désirs, à des prétentions illimitées ; tout n'é-
tait pas rénovation dans leurs desseins, ou conjecture
dans leurs espérances ; et s'ils méconnaissaient la portée
de leurs actes, ils pouvaient du moins en assigner le but.

« Aucun but précis ne régla la marche de leurs rivaux ;
aucun fait, historique ou légal, n'enferma dans ses limites leur pensée ; confiants dans sa force, fiers de son
élévation, ou de sa sainteté, ou de son audace, ils lui dé-
cernèrent le droit de tout juger, de tout dominer, et la
prenant seule pour guide, cherchèrent à tout prix, les
philosophes la vérité, les enthousiastes le Seigneur,
les libertins le succès. Institutions, lois, coutumes,
événements, tout fut sommé de se régler selon le
raisonnement ou la volonté de l'homme : tout devint
matière de combinaisons nouvelles, de créations savan-
tes ; et dans ce hardi travail, tout parut légitime sur la
foi d'un principe ou d'une extase, ou au nom de la nécessité.

« Les Presbytériens proscrivaient dans l'Eglise la
royauté et l'aristocratie ; pourquoi les conserver dans
l'Etat ? Les réformateurs politiques avaient laissé entrevoir qu'en définitive, lorsque le roi ou les lords s'obsti-
naient à refuser leur adhésion, la volonté des Communes
devait l'emporter ; pourquoi ne pas le dire hautement ?
Pourquoi n'invoquer la souveraineté du peuple qu'en
désespoir de cause et pour légitimer la résistance,
quand elle doit servir de base au gouvernement lui-
même et légitimer d'avance le pouvoir ? Après avoir
secoué le joug du clergé romain, du clergé épiscopal, on

était près de subir celui du clergé presbytérien ; à quoi
bon un clergé ? De quel droit les prêtres forment-ils un
corps permanent, riche, indépendant, autorisé à réclamer le bras du magistrat ? Que toute juridiction, même
la faculté d'excommunier, leur soit retirée : que les
moyens de persuasion, la prédication, l'enseignement,
la prière leur restent seuls, et tout abus du pouvoir
spirituel, tout embarras pour le concilier avec le pouvoir civil, cesseront aussitôt. Dans les fidèles d'ailleurs,
non dans les prêtres, réside le pouvoir légitime en matière de foi ; c'est aux fidèles qu'il appartient de choisir
et d'instituer leurs prêtres, non aux prêtres de s'instituer entre eux pour s'imposer ensuite aux fidèles. Tout
fidèle enfin n'est-il pas prêtre lui-même, pour lui, pour
sa famille, pour tous les chrétiens qui, touchés de sa parole, le jugeront inspiré d'en haut et voudront s'unir à
ses prières ? Qui oserait contester au Seigneur le pouvoir de conférer ses dons à qui il veut et comme il lui
plaît ? Soit qu'il s'agisse de prêcher ou de combattre,
c'est le Seigneur seul qui choisit et consacre ses saints ;
et quand il les a choisis, il leur remet sa cause, et ne
révèle qu'à eux seuls par quels moyens elle doit triompher. Les libertins applaudissaient à ce langage ;
pourvu qu'on poussât la révolution jusqu'au bout, et
sans s'inquiéter des moyens, peu leur importaient les
motifs.

« Ainsi se formait le parti des Indépendants, bien
moins nombreux, bien moins enraciné dans le sol national
que celui des Presbytériens, mais déjà en possession de
cet ascendant que donnent des croyances systématiques,
complètes, toujours prêtes à rendre raison de leurs principes, à en accepter toutes les conséquences. L'Angleterre était alors dans l'une de ces crises glorieuses et redoutables, où l'homme, oubliant sa faiblesse pour ne se
souvenir que de sa dignité, a cette sublime ambition de

n'obéir qu'à la vérité pure et ce fol orgueil d'attribuer à son opinion tous les droits de la vérité. Politiques ou sectaires, presbytériens ou indépendants, aucun parti n'eût osé se croire dispensé d'avoir raison et de le prouver.

« Or les Presbytériens échouaient dans cette épreuve ; car leur sagesse se fondait sur l'autorité des faits et des lois, non sur des principes ; et ils ne savaient comment repousser, par la raison seule, les arguments de leurs rivaux.

« Les Indépendants professaient seuls une doctrine simple, rigoureuse en apparence, qui sanctionnât tous leurs actes, suffit à tous les besoins de leur situation, et dispensât les esprits fermes d'inconséquence, les cœurs sincères d'hypocrisie. Eux seuls aussi commençaient à prononcer quelques-unes de ces paroles puissantes qui, bien ou mal comprises, soulèvent, au nom des plus nobles espérances, les plus énergiques passions de l'humanité : égalité des droits, juste répartition des biens sociaux, destruction de tous les abus. Point de contradiction entre leurs systèmes sociaux et politiques ; point de lutte sourde entre les chefs et les soldats : aucun symbole exclusif, aucune limite rigoureuse ne rendait difficile l'accès du parti ; comme la secte dont il avait pris son nom, il tenait la liberté de conscience pour maxime fondamentale, et l'immensité des réformes qu'il se proposait, la vaste incertitude de ses desseins, permettaient aux hommes les plus divers de se ranger sous sa bannière : des jurisconsultes s'y rallièrent, dans l'espoir de ravir aux ecclésiastiques, leurs rivaux, toute juridiction et tout empire ; des publications populaires s'en promettaient une législation nouvelle, claire, simple, qui fît perdre aux jurisconsultes leurs profits énormes et leur pouvoir : Harrington y pouvait rêver une société de sages ; Sidney, la liberté de Sparte ou de Rome ; Lillburne, le retour des vieilles lois saxonnes ; Harrisson, la venue de Christ ; le cynisme même de Henri Martyn, de Pierre Wentworth, s'y faisait tolérer en faveur de son audace ; républicains ou niveleurs, raisonneurs ou visionnaires, fanatiques ou ambitieux, tous étaient admis à mettre en commun leurs colères, leurs théories, leurs extases, leurs intrigues ; il suffisait que tous, animés contre les cavaliers et les presbytériens d'une égale haine, se portassent avec la même ardeur vers cet avenir inconnu, chargé de répondre à tant de vœux. » (*Histoire de la Révolution d'Angleterre*, 1ʳᵉ partie, II, 17.)

On voit assez, par ces exemples, en les méditant, quel en est le caractère essentiel : Guizot est avant tout un historien philosophe. L'histoire n'a de prix à ses yeux que par les idées générales qui s'en dégagent ; et dans le maniement de ces idées générales, moisson divine de son œuvre, il déploie l'aisance et l'habileté d'un grand esprit. L'histoire a pour matière l'homme étudié dans un milieu déterminé ; plus cette étude particulière sera précise, intense, patiente, plus se dégageront avec sûreté et comme d'eux-mêmes les résultats qui intéressent l'humanité tout entière, l'homme civilisé de toutes les époques et de tous les lieux. Le lecteur sent sa pensée s'égaler à l'infini de la pensée humaine, devant des phrases comme celle-ci :

« L'Angleterre était dans une de ces crises glorieuses et redoutables où l'homme oubliant sa faiblesse, pour ne se souvenir que de sa dignité, a cette sublime ambition de n'obéir qu'à la vérité pure, et ce fol orgueil d'attribuer à son opinion tous les droits de la vérité. » (II, 5.)

On croirait sentir passer dans ces lignes comme le souffle de Pascal. Donner à propos d'un fait particulier le sentiment de l'universel, c'est le miracle dont quelques rares esprits seuls sont capables ; là éclate, dans sa pure essence, le génie propre de l'historien philosophe. Guizot donne à chaque page cette sensation d'agrandissement et d'élévation.

« La nation entière s'élança avec transport dans cette arène, agitée, encore plus que ses chefs, de sentiments qui semblaient s'exclure, et pourtant également sincères. A peine affranchie d'une oppression qu'avaient condamnée, sans la prévenir, les lois de ses aïeux, elle cherchait avec passion des garanties plus efficaces ; mais c'était toujours à ces mêmes lois, d'une impuissance naguère éprouvée, que s'attachait son espoir. De jeunes croyances, des idées nouvelles fermentaient dans son sein ; elle leur portait une foi vive, pure, se livrait même, avec force et confiance, à cet enthousiasme qui poursuit le triomphe de la vérité, n'importe à quel prix ; et en même temps, modeste dans ses pensées, fidèle avec tendresse à ses habitudes, pleine de respect pour ses vieilles institutions, elle voulait croire que, loin d'y rien changer, elle ne faisait que leur rendre hommage et les remettre en vigueur. De là un singulier mélange de hardiesse et de timidité, de sincérité et d'hypocrisie, dans les publications de toute sorte, officielles ou libres, dont l'Angleterre fut alors inondée. » (I, 269.)

« Les partis ne se résignent point de la sorte à ne

posséder qu'une légitimité éphémère ; les peuples ne
se dévouent point avec enthousiasme pour des doctrines
et des intérêts d'un jour ; au moment même où le présent seul les domine et décide de leurs opinions et de
leurs actes, ils veulent croire à la perpétuité de leurs
idées, de leurs œuvres, et prétendent régler l'avenir au
au nom de l'éternelle vérité. » (I, 270.)

« Quand les révolutions penchent vers leur déclin, c'est
un triste, mais grand enseignement que le spectacle des
mécomptes et des angoisses de leurs chefs longtemps
puissants et triomphants, mais enfin arrivés au jour où,
par un juste retour de leurs fautes, leur empire s'évanouit, sans que leur obstination soit éclairée ou vaincue ;
divisés entre eux comme des complices devenus des
rivaux, détestés comme des oppresseurs, décriés comme
des rêveurs, frappés à la fois d'impuissance et d'une
amère surprise, s'indignant contre leur pays qu'ils
accusent de lâcheté et d'ingratitude, et se débattant
sous la main de Dieu sans comprendre ses coups. »
(3ᵉ partie, I, p. 1.)

Ces pensées d'une expression si forte ne sont
pas distribuées çà et là par un artifice de rhéteur,
elles sont fondues du même jet que le texte et
s'en distinguent à peine par le ramassé plus vi-
goureux du style ; leur vrai caractère est de
n'être point des pensées détachées, mais un commentaire, un éclaircissement, une preuve.

Le mérite éminent de Guizot est dans la vigueur de la composition, l'agencement des parties ; il laisse à chaque fait sa valeur en le mettant
à son rang et avec la mesure de développement
proportionné à son importance. On est porté par le

courant régulier de la narration, toujours rapide,
dont la simplicité s'élève souvent jusqu'à l'éloquence, où rien d'étranger, d'inutile, de factice,
ne coupe l'émotion, ne suspend le mouvement,
n'interpose la vanité de l'écrivain entre le drame
historique et le lecteur.

On pourrait citer des modèles de narration
historique : le procès de Hampden, la mort de
Strafford, les deux armées à la veille de la guerre,
le procès et la mort de Charles I ; et combien
d'autres encore dans la seconde et la troisième
partie de l'œuvre ! Mais le plus bel éloge à faire
de l'*Histoire de la Révolution d'Angleterre*, c'est précisément qu'elle se prête mal à l'industrie des
Morceaux choisis. La vigoureuse pensée de l'historien a si bien créé l'unité dans ce tumulte de faits,
qu'on ne voit plus lequel on en détacherait de
préférence ; les plus importants voient leur valeur
propre diminuer, parce qu'on a mieux compris
leur subordination à une foule de faits d'ordre
secondaire. A l'école de ce maître de la pensée, on
s'est habitué à tenir pour les vrais héros de ce
drame les grandes idées de liberté politique et
religieuse qui se développent à travers les crimes,
les ruines et le sang ; on a le sentiment qu'au-
dessus des faits il y a la loi des faits, et par delà
les acteurs, de quelque nom qu'on le nomme, un
maître souverain de l'histoire.

IV

Guizot se donna, dans les dernières années de sa vie, le plaisir de raconter à ses petits-enfants l'histoire de la France. Cet enseignement familier a fourni la matière du grand ouvrage qui a rendu le nom de Guizot populaire, dans la mesure où la popularité pouvait s'attacher à un tel caractère et à un si haut esprit. L'*Histoire de France racontée à mes petits-enfants* suffirait à honorer un auteur d'ordre moyen ; cette œuvre a peu ajouté à la gloire de Guizot. Elle offre pourtant un double intérêt : on y voit se manifester sous la forme la plus élevée, dans le long développement de nos annales, le patriotisme de l'auteur, qui garda jusqu'à la fin sa foi en la grandeur de la France ; on y découvre quelques traits de ce que fut pour Guizot la philosophie de l'histoire.

Dès la première heure de son enseignement public, Guizot avait affirmé la grandeur du rôle de la France dans l'histoire de la civilisation. Il l'avait représentée en Europe « comme le centre, le foyer de cette civilisation ». Il reconnaissait à son génie clair, sociable, sympathique, le don spécial de travailler d'une certaine sorte jusqu'aux idées élaborées par les autres peuples et de les rendre accessibles à l'intelligence du monde. Les idées fécondes auxquelles la civilisation doit ses progrès, nées sur d'autres sols, n'ont réussi à développer au dehors leur secrète énergie qu'après avoir subi en France une nouvelle élaboration.

« C'est de la France, comme d'une nouvelle patrie, qu'elles se sont élevées à la conquête de l'Europe. » (C. E. 1re *leçon.*)

Ce patriotisme est, en quelque sorte, d'essence philosophique ; il adopte la France, parce que la raison reconnaît et salue dans son génie certains dons bienfaisants dont le monde civilisé tout entier a tiré profit. Mais il est une autre forme de patriotisme plus chaude, plus vibrante ; celle-ci procède du cœur, non de l'esprit ; elle n'est plus une idée, mais une passion. C'est au foyer des idées que sa flamme s'allume ; mais on veut la voir s'élever et briller ; on aime à sentir sa chaleur.

Ce patriotisme est fait de reconnaissance et d'amour : il aime dans la patrie cette France fière de son passé, glorieuse de ses traditions, consciente d'avoir toujours été la mère des idées généreuses, des dévouements sans récompense, et des sacrifices souvent payés d'ingratitude. Il l'aime pour l'avoir vue grandir lentement dans les souffrances du passé, parce qu'il confie à son génie et à sa force les espérances de l'avenir.

Il manquerait quelque chose à un grand historien français, si son âme ne s'était jamais échauffée à ce foyer de l'histoire nationale, s'il

n'avait montré par son exemple comment on doit
aimer la patrie et de quelles raisons la science
fortifie cet amour. Un large courant de patriotisme traverse l'œuvre dernière de Guizot ; il
s'y montre Gaulois contre Rome ; il n'est pas sûr
qu'il ne tienne pas pour le dieu gaulois *Camul*
contre *Mars*, pour *Belen* contre *Apollon*, pour
Arduinna contre *Diane* ; il pardonne beaucoup à
Clovis, ce grand barbare qui, à travers tant de
vices et de crimes, a fait, ou plutôt commencé
deux choses, la monarchie française et la France
chrétienne. Ce même sentiment anime d'un
souffle égal toutes les pages : la France d'aujour-
d'hui y apparaît rattachée à la France d'autrefois
par les tout-puissants liens de la science qui
explique, de l'amour qui mène à comprendre,
de la reconnaissance qui engage à continuer.

Guizot est convaincu qu'il y a « une destinée
générale de l'humanité », dont la vie particulière
de chaque peuple est un élément. Il y a donc à ses
yeux une « destinée » propre à chacun de ces
acteurs de l'histoire qui sont les grandes nations.
La vie d'un peuple emprunte ainsi tout d'un coup
à ce drame individuel, dont notre personne est le
sujet, sa variété et son unité ; elle ne perd rien de
son ampleur ; mais elle devient la source d'une
émotion nouvelle, toute intime, d'ordre humain,
qui associe l'atome de notre personnalité à la
personnalité immortelle de la patrie. La patrie,
élevée à la dignité de personne morale, a ses

devoirs, qui sont l'agrandissement des nôtres ; elle commet des fautes, qui sont nos propres fautes amplifiées ; dans la voie de ses destinées, elle marche d'un pas sûr ou chancelant, suivant que notre activité se fortifie ou s'énerve ; nous sommes les vivantes molécules morales dont est faite sa vie, sa gloire, sa destinée.

Dans le drame de l'histoire, comme dans le drame de la vie individuelle, il y a une part de fatalité et une part de liberté ; il est gouverné pour une double série de causes

« à la fois essentiellement diverses et intimement unies, les causes naturelles qui président au cours général des événements, et les causes libres qui viennent y prendre place. » (H. F. *Préface*, i.)

Les hommes ne font pas toute l'histoire, pas plus que chaque homme ne fait complètement sa propre vie ; l'histoire a des lois qui lui viennent de plus haut ; mais les hommes sont, dans l'histoire, au milieu de la fatalité des forces naturelles, un élément de libre activité qui en modifie le cours et y introduit la moralité.

« Les causes fatales et les causes libres, les lois déterminées des événements et les actes spontanés de la liberté humaine, c'est là l'histoire tout entière. C'est dans la reproduction fidèle de ces deux éléments que consistent la vérité et la moralité de ses récits. » (H. F. *Préface*, ii.)

Les grands événements et les grands hommes :

voilà, aux yeux de Guizot, les points fixes et les
sommets de l'histoire. Aussi « s'établit-il » en
quelque sorte dans les grands faits pour mesurer
à leur vraie grandeur les événements secondaires
qui n'en sont que la préparation ou la conséquence.

Les grands hommes sont un des facteurs importants de l'histoire. Il est de mode aujourd'hui
d'en nier l'action ; on les représente, pour les
annihiler ou les grandir, comme la synthèse des
idées ou des besoins de leur époque ; on supprime
ainsi, avec leur originalité même, l'élément essentiel de leur force.

Sans doute c'est au plus profond de son temps
que le grand homme puise les éléments de son
action ; mais quel est le vrai principe de son
originalité, sinon la lutte victorieuse qu'il engage avec son temps pour le pousser dans des
voies nouvelles ? Le grand homme représente,
au milieu de la torpeur des faits ordinaires, dans
la fatalité des causes naturelles qui enveloppe
l'histoire, l'élément de liberté par lequel l'histoire
s'affranchit et de l'héritage inutile du passé et
des entraves de la matière. Tels, dans une vie
individuelle, ces actes, les meilleurs, les plus
décisifs de tous, par lesquels s'affirme, par intervalles, une volonté éclairée, ferme et droite, qui
rompt la tyrannie des habitudes et secoue la fatalité des forces naturelles qui nous étreignent.

Guizot croit aux grands hommes, à leur action
directrice, à leur part d'influence sur le cours des

événements ; et sa théorie est juste. Elle est dangereuse peut-être à jeter en appât aux foules, toujours prêtes à faire d'un grand homme une idole et à se méprendre sur les vrais caractères de la grandeur. Mais ce serait priver l'histoire d'un de ses caractères essentiellement humains pour en faire une sorte de géométrie des faits, que de lui enlever cet élément de progrès soudain, de spontanéité créatrice, de liberté enfin, avec sa grandeur et ses périls.

Tout ce qu'il y a d'ailleurs de nécessairement limité et d'incomplet dans l'œuvre des grands hommes, combien, dans leurs conceptions, le rêve dangereux confine au génie, et à quel point l'humanité corrompt parfois en eux le germe divin, personne ne l'a mieux vu et mieux exprimé que Guizot :

« Les grands hommes font de grandes choses qui ne se feraient pas sans eux ; ils mettent beaucoup du leur dans l'histoire ; mais ils sont loin de faire tout ce qu'ils méditent ; et ils ne savent pas tout ce qu'ils font. Ils sont à la fois les instruments et les coopérateurs libres d'un dessein général infiniment supérieur à eux, et qui, même entrevu, reste impénétrable pour eux : le dessein de Dieu sur l'humanité. Quand les grands hommes comprennent que telle est leur situation, et quand ils l'acceptent, ils sont sensés et efficaces. Quand ils ne reconnaissent pas les limites de leur action libre, et le voile qui couvre à leurs yeux l'avenir auquel ils travaillent, ils deviennent les dupes, et souvent les victimes d'un orgueil aveugle que les événements, dans leur vaste et long cours, finissent toujours par détromper et punir. » (H. F. I, 232.)

V

Si la presse politique ne fut pas toujours tendre pour Guizot, bien lui prit de ne pas chercher de consolations auprès des critiques littéraires. Les purs littérateurs ont souvent été cruels pour lui. Il leur eût souverainement déplu, aux environs de 1840, de l'entendre appeler écrivain, et quand l'Académie française, en 1837, lui ouvrit ses rangs, l'honnête M. de Ségur se fit un devoir de venger Guizot et de justifier les confrères qui l'avaient choisi.

« La critique, ne pouvant s'attaquer aux bases de ce monument national (*l'Histoire de la civilisation*), s'est hasardée à en blâmer quelques formes. On a reproché, au style si mâle et si franc de cette grande méditation, l'inconvénient de ses qualités, c'est-à-dire quelque rudesse. »

M. de Ségur présentait, dans un déplorable langage, la justification suivante :

« Comment renfermer tant de pensées profondes et fécondes dans une juste mesure, sans une concision ferme et forte ? Et d'ailleurs ce style s'adressait à des auditeurs encore plus qu'à des lecteurs ; on l'écoutait avant de le lire ; et l'oreille, quelque fine, quelque délicate qu'elle soit, l'est moins que les yeux d'un lecteur solitaire ; elle est moins attentive ; elle a moins de temps pour comprendre ; la même langue ne convient donc pas entièrement à l'un comme aux autres. Il fallait dès lors que le style, toujours clair, fût toujours et surtout expressif ; que, pour pénétrer simultanément des milliers d'intelligences, il répétât les propositions principales sous plusieurs formes différentes, et souvent brusques, heurtées, pittoresques, afin de saisir comme au passage ces nombreux esprits, de s'en emparer comme par surprise, de les frapper vivement, fortement et d'y laisser de longues et profondes impressions. »

M. de Ségur fut, une fois en sa vie, un maladroit ami. En louant chez Guizot ce pittoresque de l'expression, ces brusqueries du style, ces heurts qui excitent l'attention, il invite à chercher les pages où se cachent ces mérites ; et on ne les trouve pas. Ce n'est pas avec de semblables arguments qu'il pouvait fermer la bouche aux ennemis littéraires de Guizot. Son panégyrique ne fit qu'exaspérer Gustave Planche, qui exhala en termes amers son dépit :

« La réception de M. Guizot à l'Académie française n'a pas été moins singulière que son élection. Lorsqu'il s'est présenté à ses suffrages, tous les hommes littéraires qui s'étaient mis sur les rangs ont renoncé à leur candidature ; lorsqu'il a prononcé son discours de remerciement, les hommes littéraires, bon gré mal gré, ont abandonné les places qui leur appartenaient légitimement dans l'enceinte de l'Institut. Le conseil des ministres, le corps diplomatique, le Conseil d'État, les pairs et les députés ont envahi tous les bancs, et c'est à peine s'il a été permis à quelques journalistes persévérants de pénétrer au milieu de l'auditoire. L'Académie, dans cette occasion, n'a pas fait preuve de goût ; mais elle a reconnu implicitement que M. Guizot n'a rien à démêler avec la littérature ; et sur ce point nous sommes absolument de son avis...

« ... Il faut une complaisance bien rare pour découvrir dans les travaux de M. Guizot un mérite littéraire.

« Montesquieu, dans l'*Esprit des lois*, a montré qu'il y avait place pour les plus grandes beautés du style dans la philosophie politique aussi bien que dans le tableau des passions. Mais M. Guizot, après avoir mis la logique à la place de l'histoire, a oublié de mettre dans la logique le style qui aurait pu donner à l'exposition de ses idées de l'intérêt et de la vie (1). »

Faut-il accuser de la vivacité de ces critiques l'âpreté de la lutte journalière, et Guizot trouvat-il plus de bienveillance auprès des juges d'un esprit plus calme ?

La publication de ses *Mémoires* ramena vers lui l'attention. Au terme de ce dernier effort de l'écrivain, le moment semblait venu de fixer son rang. Edmond Schérer tenta de le faire, mais avec un manque manifeste de sympathie et une excessive rigueur. On en vient à se demander dans quelle mesure les préventions des partis politiques n'ont pas troublé ce jugement d'ordinaire si net et fait pencher vers un excès cette volonté si équitable.

« M. Guizot n'a jamais été un écrivain, ou si l'on aime

_____

(1) *Portraits littéraires*, II, p. 185 et suiv.

mieux, il n'a jamais été que le premier des écrivains qui ne savent pas le français. Sur ce point comme sur tant d'autres, il a fait illusion. Il a l'apparence du style, mais il n'en a que l'apparence. Il semble si sûr de sa plume qu'ici encore on l'a cru sur parole. Il a je ne sais quel grand air qui impose et qui en impose. Je ne nie pas qu'il ne rencontre souvent une expression heureuse, qu'il ne trace çà et là, d'une main ferme et d'un large pinceau, quelque portrait ressemblant ; mais, grand Dieu ! quel manque de mouvement, de coloris, de lumière, et cela dans ses plus belles pages ! Que tout y devient terne et y paraît monotone ! En particulier, quelle profonde inintelligence de la langue (1) ! »

Schérer se donne alors la satisfaction de faire subir à une page de Guizot une correction de détail ; c'est le régent de collège en face d'un écolier. Cette façon d'agir, il en a conscience luimême, sent la férule et le maître d'école ; tort plus grave encore ; il y a peu d'équité dans une semblable méthode. Quel est l'écrivain qui résisterait à cette dissection phrase par phrase, à cette démolition par l'ironie ? Schérer s'animait contre Guizot à la pensée que Sainte-Beuve lui avait été bienveillant. En effet, le juge illustre de tant de renommées a remarqué chez Guizot les progrès constants du style et le salue écrivain et peintre. Taine, citant une page de Guizot sur l'état du parti presbytérien, conclut :

« Chaque mot est tout un chapitre. Lisez dix fois cette

____

(1) E. Schérer, *Études sur la littérature contemporaine*, I, 90.

phrase, vous la trouverez chaque fois plus belle, et à la dixième vous n'aurez pas épuisé ce qu'elle contient. »

Et ailleurs :

« D'autres phrases sont si grandes qu'elles suppriment les objections et ravissent du premier coup ; la critique n'a pas le temps de naître. Si, après le premier enthousiasme, elle essaye de s'y attaquer, elle se brise contre leur solidité majestueuse. Ce sont des statues de dieux taillées dans le pur granit..... Il n'y a plus aujourd'hui de style ni d'esprit de cette trempe. Pour lui trouver des pareils, il faudrait remonter jusqu'à Thucydide ou Machiavel (1). »

La vérité, Sainte-Beuve et Taine l'ont dite et la postérité jugera comme eux. Sans doute, l'œuvre de Guizot, à ne juger que le style, est fort mêlée ; dans ses premiers écrits, la phrase est toujours tendue, souvent lourde, l'expression uniformément abstraite et sans éclat. On souscrit au reproche des romantiques qui lui trouvaient le style *pâteux*.

Mais, à mesure que la pensée se dégage des premières hésitations, le style assouplit sa roideur première ; il suit exactement la pensée ; comme elle, ferme, large, claire, un peu tendue, pleine d'élévation et d'autorité. La couleur et la variété, qui manquèrent longtemps, lui vinrent plus tard.

On ferait un bien joli livre, en réunissant les

____

(1) Taine, *Essais de critique et d'histoire*, p. 82 à 85.

portraits dont ses *Mémoires* sont émaillés ; et ce serait un tour de bonne guerre à jouer à ces critiques amers de le leur présenter sans nom d'auteur. On y gagnerait sans doute une grosse méprise ; on pourrait l'offrir en expiation à la mémoire de Guizot, et cette innocente mystification aurait sa moralité.

Le goût et le talent de peindre ne vinrent à Guizot que sur le tard, comme si la pensée pure l'avait jusqu'alors absorbé, et qu'il ne fût descendu à ces amusements que par lassitude et distraction. Les traits délicats, les fines esquisses sont venues cent fois sous sa plume :

« Lamartine m'apparaît comme un bel arbre couvert de fleurs, sans fruits qui mûrissent et sans racines qui tiennent ; c'est un grand esprit qui passe et repasse incessamment des régions de la lumière dans celles des nuages, et qui entrevoit à chaque pas la vérité sans jamais s'y fixer. » (M. IV, 290.)

On multiplierait aisément ces traits rapides et vifs, qui ne paraissent pas être dans la manière ordinaire de Guizot. Nous aimons mieux arrêter l'esprit du lecteur sur une de ces fortes pages où toute la beauté vient de l'extrême condensation de la pensée et de la sobriété de l'expression. Car c'est là le vrai Guizot.

« Esprit aussi superficiel qu'élevé, logicien aussi aveugle que puissant, très ignorant de l'histoire, capable d'aperçus et d'élans sublimes, mais incapable d'ob-

server les faits réels et divers, de les mettre à leur vraie
place et de leur assigner leur juste valeur, Lamennais
pensait et écrivait toujours sous l'empire d'une idée
exclusive qui devenait pour lui la loi, toute la loi divine ; il érigeait en droit les plus extrêmes conséquences
d'un principe incomplet, et s'enflammait d'une violente
haine contre les adversaires de son absolue domination.

« Il était de plus sujet à cette séduction que le talent
supérieur exerce souvent sur l'homme qui le possède,
encore plus que sur ceux qui l'écoutent. L'idée qui avait
sa foi, le sentiment dont il était pénétré se présentaient
à lui sous de si beaux aspects, il était si vivement frappé
de leurs mérites et de leurs charmes, qu'en se livrant au
plaisir de les contempler ou de les peindre, il perdait
toute faculté d'en apercevoir les erreurs ou les lacunes
même les plus graves, et que, dans son enthousiasme
idolâtre, il méprisait et détractait, comme des barbares et
des impies, quiconque ne partageait pas ses adorations
et ses sympathies.

« Les effets naturels de cette passion du logicien et de
l'artiste ne tardèrent pas à se manifester dans l'abbé de
Lamennais ; quand une fois il se fut plongé dans le
spectacle des misères de la société humaine, des imperfections et des torts des gouvernements, des souffrances matérielles et morales du peuple, quand il eut
appliqué à les peindre toute la puissance de son imagination et de son âme, il ne vit plus rien hors de là,
nul autre fait, nulle autre question ; le monde fut tout
entier, pour lui, dans les sombres tableaux où se dé-
ployait son talent. Cet ardent défenseur de l'autorité
ecclésiastique absolue devint peu à peu l'apôtre de la
liberté absolue et universelle : avec une sincérité tantôt
arrogante, tantôt mélancolique, le théoricien théocra-
tique se transforma en libéral, républicain, démocrate,
révolutionnaire, et les esprits clairvoyants purent de

bonne heure pressentir le jour où les doctrines et les passions les plus anarchiques trouveraient en lui leur plus éloquent et plus amer interprète. » (M. III, 96, 97.

Si l'on songe que l'homme qui a écrit cette page était déjà un vieillard, et qu'à l'âge de quarante ans, le même homme publiait les deux premiers volumes de l'*Histoire de la Révolution d'Angleterre*, on conviendra peut-être qu'il y aurait mauvaise grâce à lui contester les mérites de l'écrivain et à lui refuser ce titre.

TABLE DES MATIÈRES

POITIERS. — TYPOGRAPHIE OUDIN ET Cie.

www.ingramcontent.com/pod-product-compliance
Lightning Source LLC
LaVergne TN
LVHW021156050726
842519LV00002B/642